应用型本科信息大类专业"十三五"规划教材

物联网
RFID技术与应用

WULIANWANG RFID JISHU YU YINGYONG

主 编 韩 洁 李雁星
副主编 付仕明 裴 浪 李 莉

华中科技大学出版社
http://www.hustp.com
中国·武汉

内 容 简 介

无线射频识别(RFID)技术是物联网技术中重要的技术之一,RFID技术在各个行业中均有广泛的应用案例,是物联网工程专业必修专业课之一。

《物联网RFID技术与应用》全面、系统地阐述了RFID技术的基本原理、系统组成、协议标准和设计开发的相关基础技术以及案例。全书共9章,前4章主要是理论知识,包括物联网及RFID技术、RFID标准体系、RFID技术的工作原理、RFID的编码和调制原理、RFID的差错控制与数据的安全,以及RFID系统关键设备(电子标签、RFID读写器、RFID中间件)的原理和应用。前4章先从RFID技术的发展和自动识别的分类开始,介绍了RFID系统的组成部件和工作原理,然后讲述了RFID的数据通信技术中编码与调制的技术,介绍了保证数据通信安全的方法,以及RFID的标准体系与ISO/IEC 14443协议。后面5章为RFID实用系统的设计,先介绍了阅读器开发技术基础,讲解了STM8S系列单片机的使用方法,然后讲解了低频阅读器和高频阅读器的设计,第8章列举了物联网RFID的使用案例,第9章讲述了RFID实验操作。

《物联网RFID技术与应用》适用面广,适合作为本科院校和高职高专院校物联网工程、通信工程和电子信息工程等相关专业的教材,也可作为相关专业技术人员的参考书。

为了方便教学,本书还配有电子课件等教学资源包,任课教师和学生可以登录"我们爱读书"网(www.ibook4us.com)注册并浏览,任课教师还可以发邮件至hustpeiit@163.com索取。

图书在版编目(CIP)数据

物联网RFID技术与应用/韩洁,李雁星主编. —武汉:华中科技大学出版社,2019.4(2025.1重印)
应用型本科信息大类专业"十三五"规划教材
ISBN 978-7-5680-5096-8

Ⅰ.①物… Ⅱ.①韩… ②李… Ⅲ.①无线电信号-射频-信号识别-应用-物流-高等学校-教材
Ⅳ.①F253.9 ②TN911.23

中国版本图书馆CIP数据核字(2019)第052931号

物联网RFID技术与应用 　　　　　　　　　　　　　　　　韩　洁　李雁星　主编
Wulianwang RFID Jishu yu Yingyong

策划编辑:康　序
责任编辑:狄宝珠
封面设计:孢　子
责任监印:朱　玢
出版发行:华中科技大学出版社(中国·武汉)　　　电话:(027)81321913
　　　　　武汉市东湖新技术开发区华工科技园　　　邮编:430223
录　　排:武汉三月禾文化传播有限公司
印　　刷:武汉市首壹印务有限公司
开　　本:787mm×1092mm　1/16
印　　张:11
字　　数:282千字
版　　次:2025年1月第1版第6次印刷
定　　价:38.00元

本书若有印装质量问题,请向出版社营销中心调换
全国免费服务热线:400-6679-118　竭诚为您服务
版权所有　侵权必究

物联网是继计算机、互联网和移动通信之后的又一次信息产业革命。物联网通过智能感知、识别技术与普适计算、泛在网络的融合应用,被称为继计算机、互联网之后世界信息产业发展的第三次浪潮。RFID 技术是物联网的感知层重要的技术之一,也展现出新的应用价值。

物联网工程是最新产生并发展的专业,需要大量具有相关技术的应用型人才来从事各类物联网技术配套设备及其应用系统的设计、开发、制造、发行、维护及服务工作。为满足地方高校应用型人才培养的特定需求,编者结合 RFID 技术发展和教学实践经验,吸取相关教材和技术资料的优点,根据重基础技术和加强实践的原则安排了写作内容,本着理论够用、注重实践的思想编写了《物联网 RFID 技术与应用》。

通过对《物联网 RFID 技术与应用》的学习,读者可以了解自动识别技术和 RFID 技术的关系、RFID 技术的发展和应用领域,理解射频识别的基本理论和关键技术,包括系统的原理、中间件技术和天线技术,掌握 RFID 技术中的编码和调制技术,理解提高数据安全的技术方法,了解 RFID 技术的标准和体系。

为了满足培养学生应用能力的要求,前 4 章主要对 RFID 技术进行理论介绍,基于应用型本科教学的特点,简化了复杂的射频电磁场理论和数字通信专业知识,让学生掌握最基础的理论概念。后 5 章着重于对学生能力的培养,以几个 RFID 典型的实用系统为载体,从系统设计、系统框架组成等方面进行介绍,力图符合实际工程项目的设计流程,让学生逐步掌握 RFID 系统阅读器开发设计的能力。学习完本课程之后,学生能够对 RFID 技术和市场有所了解,对 RFID 系统和设备原理有足够的理解,并且能熟练掌握 RFID 系统设计的基本方法。

本书具有以下特点:

• 通俗易懂:满足应用型本科能力培养的需要,简化复杂理论的分析,对基本的技术知识进行介绍,对实践中用到的设计技术进行详细讲述。

• 技术面广:讲述了 RFID 系统的组成技术和常用的 RFID 协议体系、阅读器设计的技术基础和具体的设计案例。

• **层次清晰**：由基础理论到系统的实现，介绍了综合案例。

在本书的编写过程中，我们力图全面反映射频识别技术各方面的知识、理论、技术和实践经验，但由于射频识别技术的发展和应用日新月异，因此一些新技术在书中尚未涉及，有待今后进一步完善。

本书由武昌首义学院韩洁、南宁学院李雁星担任主编，由重庆第二师范学院付仕明、武汉晴川学院裴浪、武汉华夏理工学院李莉担任副主编。全书由韩洁审核并统稿。

为了方便教学，本书还配有电子课件等教学资源包，任课教师和学生可以登录"我们爱读书"网（www.ibook4us.com）注册并浏览，任课教师还可以发邮件至 hustpeiit@163.com 索取。

本书注重对学生综合应用能力的培养和训练，并注重理论联系实践，相关知识点尽可能做到深入浅出，在内容的组织和编写方法上力求新颖，在语言上力求通俗易懂，但由于编者水平有限，书中难免存在不妥和错误之处，恳请读者不吝赐教。

编　者

2019 年 1 月

目录

第 1 章　RFID 技术概述 ……………………………………………………………… 1
1.1　自动识别技术 …………………………………………………………………… 1
1.2　RFID 技术介绍 …………………………………………………………………… 3
1.3　RFID 技术的频段 ………………………………………………………………… 6
1.4　RFID 的应用领域 ………………………………………………………………… 7
1.5　RFID 的发展趋势 ………………………………………………………………… 8
课后习题 ……………………………………………………………………………… 9

第 2 章　RFID 系统的组成和原理 ………………………………………………… 10
2.1　RFID 系统的组成 ………………………………………………………………… 10
2.2　RFID 系统的原理 ………………………………………………………………… 16
2.3　RFID 的耦合方式 ………………………………………………………………… 17
2.4　RFID 中间件技术 ………………………………………………………………… 19
2.5　RFID 天线技术 …………………………………………………………………… 21
课后习题 ……………………………………………………………………………… 22

第 3 章　RFID 的数据通信与安全 ………………………………………………… 23
3.1　RFID 的通信基本概念 …………………………………………………………… 23
3.2　编码技术 ………………………………………………………………………… 25
3.3　RFID 的调制和解调 ……………………………………………………………… 30
3.4　RFID 中的数据安全 ……………………………………………………………… 35
3.5　数据校验方法 …………………………………………………………………… 38
课后习题 ……………………………………………………………………………… 41

第 4 章　RFID 的标准与协议 ……………………………………………………… 42
4.1　RFID 的标准体系 ………………………………………………………………… 42
4.2　RFID 协议分类 …………………………………………………………………… 45
4.3　ISO/IEC 14443 协议 ……………………………………………………………… 48
4.4　ISO/IEC 18000-6 标准 …………………………………………………………… 58

课后习题 ··· 63

第 5 章　RFID 阅读器开发技术基础 ··· 64
5.1　阅读器电路组成 ·· 64
5.2　STM8S 单片机介绍 ··· 67
5.3　I/O 端口 ··· 69
5.4　定时器 ··· 76
5.5　中断系统 ·· 79
5.6　串口 ·· 82
课后习题 ··· 84

第 6 章　低频 RFID 阅读器设计 ··· 85
6.1　低频 ID 卡简介 ·· 85
6.2　标签芯片 ·· 86
6.3　EM4100 解码 ··· 88
6.4　EM4095 ··· 88
课后习题 ··· 92

第 7 章　高频阅读器的设计 ·· 93
7.1　概述 ·· 93
7.2　Mifare 卡 ··· 94
7.3　NXP 射频接口芯片 RC531 ··· 101
7.4　高频 RFID 阅读器程序设计 ·· 109
课后习题 ·· 127

第 8 章　物联网 RFID 应用案例 ··· 128
8.1　上海世博会中 RFID 技术的应用 ··· 128
8.2　食品追溯系统 ·· 130
8.3　RFID 智慧珠宝管理系统 ·· 133
8.4　超高频 RFID 服装管理领域应用 ·· 136
8.5　基于 RFID 的水厂智能管理系统 ·· 140
课后习题 ·· 142

第 9 章　RFID 基础实验部分 ·· 143
9.1　硬件平台介绍 ·· 143
9.2　开发环境的搭建 ··· 145
9.3　STM8 入门实验例程 ·· 152
9.4　读卡号的实验 ·· 155
9.5　电子钱包的实验 ··· 162

附录 ··· 169
参考文献 ··· 170

第 1 章　RFID 技术概述

1.1　自动识别技术

自动识别技术可以对每个物品进行标识和识别，并可以将数据实时更新，是构造全球物品信息实时共享的重要组成部分。所以物联网中非常重要的技术就是自动识别技术，自动识别技术融合了物理世界和信息世界，是物联网区别于其他网络（如：电信网，互联网）最独特的部分。

1.1.1　自动识别技术的简介

自动识别技术（automatic identification and data capture）就是应用一定的识别装置，通过被识别物品和识别装置之间的通信，自动地获取被识别物品的相关信息，并提供给后台的计算机处理系统来完成相关后续处理的一种技术。

自动识别技术将计算机、光、电、通信和网络技术融为一体，与互联网、移动通信等技术相结合，实现了全球范围内物品的跟踪与信息的共享，从而给物体赋予智能，实现人与物体以及物体与物体之间的沟通和对话。

1.1.2　自动识别技术的分类

按照应用领域和具体特征的分类标准，自动识别技术可以分为如下 5 种。

1. 条码识别技术

1）一维条码

一维条码是由平行排列的宽窄不同的线条和间隔组成的二进制编码。这些线条和间隔根据预定的模式进行排列并且表达相应记号系统的数据项。宽窄不同的线条和间隔的排列次序可以解释成数字或者字母。如图 1-1 所示，利用光学扫描设备对一维条码进行阅读，即根据黑色线条和白色间隔对激光的不同反射来识别。

2）二维条码

由于受信息容量的限制，一维条码通常对物品的标示，而不是对物品的描述。二维条码技术是在一维条码无法满足实际应用需求的前提下产生的。二维条码能够在横向和纵向两个方向同时表达信息，因此能在很小的面积内表达大量的信息。如图 1-2 所示是常见的二维条码的样图。

图 1-1　一维条码样图　　　　图 1-2　二维条码的样图

2. 磁卡识别技术

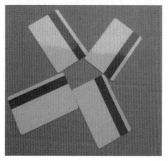

图1-3 磁卡样图

磁卡是一种磁记录介质卡片,由高强度、高耐温的塑料或纸质涂覆塑料制成,能防潮、耐磨且有一定的柔韧性,携带方便、使用较为稳定可靠。磁条记录信息的方法是变化磁的极性,在磁性氧化的地方具有相反的极性,识别器才能够在磁条内分辨到这种磁性变化,这个过程被称作磁变。一部解码器可以识读到磁性变化,并将它们转换回字母或数字的形式,以便由一部计算机来处理。磁卡技术能够在小范围内存储较大数量的信息,在磁条上的信息可以被重写或更改。如图1-3所示,读卡器通过磁卡背面的磁条进行读写数据。

3. IC卡识别技术

IC卡(integrated circuit card,集成电路卡),也称智能卡(smart card)、智慧卡(intelligent card)、微电路卡(microcircuit card)或微芯片卡等。它是将一个微电子芯片嵌入符合一定标准的卡基中,做成卡片形式。

IC卡是继磁卡之后出现的又一种信息载体。IC卡与磁卡是有区别的,IC卡是通过卡里的集成电路存储信息,而磁卡是通过卡内的磁力记录信息。IC卡的成本一般比磁卡高,但保密性更好。

IC卡与读写器之间的通讯方式可以是接触式,也可以是非接触式。根据通信接口把IC卡分成接触式IC卡、非接触式IC和双界面卡(同时具备接触式与非接触式通信接口)。

(1) 接触式IC卡,该类卡通过IC卡读写设备的触点与IC卡的触点接触后进行数据的读写。国际标准ISO7816对此类卡的机械特性、电器特性等进行了严格的规定。

(2) 非接触式IC卡,该类卡与IC卡读取设备无电路接触,通过非接触式的读写技术进行读写(例如光或无线技术)。卡内所嵌芯片除了CPU、逻辑单元、存储单元外,增加了射频收发电路。国际标准ISO10536系列阐述了对非接触式IC卡的规定。该类卡一般用在使用频繁、信息量相对较少、可靠性要求较高的场合。如图1-4所示为常见的几种IC卡样图。

(a) 接触式IC卡

(b) 非接触式IC卡

图1-4 常见IC卡样图

4. 光学字符识别技术(OCR)

OCR(optical character recognition),是属于图形识别的一项技术。利用电子设备(例如扫描仪或数码相机)检查纸上打印的字符,通过检测暗、亮的模式确定其形状,然后用字符识别方法将形状翻译成计算机文字的过程;即,针对印刷体字符,采用光学的方式将纸质文档中的文字转换成为黑白点阵的图像文件,并通过识别软件将图像中的文字转换成文本格式,供文字处理软件进一步编辑加工的技术。

衡量一个 OCR 系统性能好坏的主要指标有:拒识率、误识率、识别速度、用户界面的友好性,产品的稳定性,易用性及可行性等。如图 1-5 所示就是利用 OCR 技术进行身份证文字识别。

图 1-5 识别身份证的字符

5. 射频识别技术

射频识别技术又称无线射频识别,是一种通信技术,可通过无线电讯号识别特定目标并读写相关数据,而无须识别系统与特定目标之间建立机械或光学接触。也是是一种非接触式的自动识别技术。它通过射频信号自动识别目标对象并获取相关数据,识别工作无须人工干预,可工作于各种恶劣环境。与条码识别、磁卡识别技术和 IC 卡识别技术等相比,它以特有的无接触、抗干扰能力强、可同时识别多个物品等优点,逐渐成为自动识别中最优秀的和应用的领域最广泛的技术之一,是目前最重要的自动识别技术。如图 1-6 所示就是 RFID 读卡操作。

图 1-6 利用 RFID 读卡

1.2 RFID 技术介绍

"射频"的英文为"radio frequency",即无线电频率。RFID 技术是应用电磁感应、无线电波或微波进行非接触方式地双向通信,以达到识别身份目的并交换数据的自动识别技术。RFID 技术是属于短距离无线通信技术一种,与其他短距离无线通信技术 WLAN、蓝牙、红外、ZIGBEE、UWB 相比最大的区别在于 RFID 是被动工作模式,即利用反射能量进行通信。

在 RFID 系统中，基本的读写系统由阅读器和电子标签构成。识别的信息存放在电子数据载体中，电子数据载体称为应答器（电子标签），应答器中存放的识别信息由阅读器读写。目前，射频识别技术最广泛的应用是各类 RFID 标签和卡的读写及管理。

1.2.1 射频识别技术的发展历史

1948 年哈里·斯托克曼在无线电工程师协会（institute of radio engineers）学报上发表的"利用能量反射进行通讯（communication by means of reflected power）"奠定了 RFID 技术的理论基础。这种技术从 20 世纪 80 年代中期开始出现，并随着大规模集成电路技术的成熟，射频识别系统的体积开始小型化，RFID 技术才开始进入实用化的阶段。

无线电的出现和发展是 RFID 技术能够实现的前提。限于技术等原因，早期的射频识别技术更多地应用在大型的、特定的行业和场合。

1. IFF 系统

在第二次世界大战期间，当时为了避免误伤友机，开发出了飞机的敌我目标识别（identification friend or foe，IFF）系统。IFF 的原理是利用射频电波携带一段加密的编码，当友机收到后，立刻利用加密机制解码并发回的信息，而敌机则无法回应。目前，这种飞机身份无线识别系统依然应用在民用航空领域，也仍被称为 IFF。

2. AIS 系统

船舶自动识别（auto identification system，AIS）系统是射频识别技术在海事领域的大规模应用。该系统经 IFF 发展而来，由岸基（基站）设施和船载设施共同组成。船载设备配合全球定位系统（GPS），可将船位、船速、改变航向率及航向等船舶动态资料结合船名、呼号、吃水及危险货物等船舶静态资料由甚高频（VHF）频道向附近水域及基站广播，使邻近船舶及基站能及时掌握附近海面所有船舶的动、静态资讯。如果发现周围海域船舶出现异常或有相撞危险，可以立刻互相通话协调，采取必要避让行动，这对船舶安全和管理有很大帮助。

1.2.2 RFID 系统的简介

一套完整的 RFID 系统，是由阅读器与电子标签也就是所谓的应答器及应用软件系统三个部分所组成，其结构如图 1-7 所示。

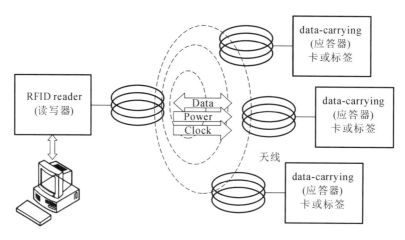

图 1-7　RFID 系统结构框图

其工作原理是读写器发射特定频率的电磁波,应答器进入磁场后,接收解读器发出的射频信号,凭借感应电流所获得的能量发送出存储在芯片中的产品信息(无源标签或被动标签),或者由标签主动发送某一频率的信号(active tag,有源标签或主动标签),解读器读取信息并解码后,送至中央信息系统进行有关数据处理。

最简单的应用系统只有一个阅读器,它一次对一个应答器进行操作,如公交车上的刷卡系统;较复杂的应用需要一个阅读器可同时对多个应答器进行操作,要具有防碰撞(也称防冲突)的能力;更复杂的应用系统要解决阅读器的应用层处理问题,包括多阅读器的网络连接等。

1. 系统层

对于由多阅读器构成的网络架构信息系统来说,高层是必不可少的。例如,采用RFID门票的世博会票务系统,需要在高层将多个阅读器获取的数据有效地整合起来,提供查询、历史档案等相关管理和服务。更进一步,通过对数据的加工、分析和挖掘,为正确决策提供依据,这就是常说的信息管理系统和决策系统。

2. 读写器

完成与应答器的通信功能,这是读写器的基本功能。同时与应用系统之间的通信功能,让应用系统能够对读写器进行控制并处理应答器的数据信息。在读写区内实现多应答器识别,完成防冲突功能,校验读写过程中的错误。

3. 应答器(RFID标签)

从技术角度来说,RFID的核心在应答器,阅读器是根据应答器的性能而设计的。但是由于封装工艺等问题,应答器的设计和生产通常由专业的设计厂商和封装厂商来完成,普通用户没有能力也无法接触到这一领域。

目前,应答器趋向微型化和高集成度,关键技术在于材料、封装和生产工艺,重点突出应用而非设计。应答器按照电源形式可以分为如下两种类型。

(1) 有源应答器:使用电池或其他电源供电,不需要阅读器提供能量,通常靠阅读器唤醒,然后切换至自身提供能量。

(2) 无源应答器:没有电池供电,完全靠阅读器提供能量。

4. 读写器与应用系统的接口

从应用系统到读写器需要完成配置命令的功能;从读写器到应用系统需要完成当前配置状态和命令执行结果的上传。从读写器写入数据到标签,标签收到读写器的射频能量时,即被激活并向读写器反射标签存储的数据信息,标签被激活后,根据读写器的指令转入数据发送状态或休眠状态。

1.2.3 射频识别技术的性能特征

射频识别技术作为一种特殊的识别技术,区别于传统的条形码、插入式IC卡和生物(如指纹)识别技术,具有下述特征。

1. 快速扫描

RFID辨识器可同时辨识读取多个RFID标签。

2. 体积小型化、形状多样化

RFID在读取上并不受尺寸大小与形状限制,不需为了读取精确度而配合纸张的固定尺寸和印刷品质。此外,RFID标签更可往小型化与多样形态发展,以应用于不同产品。

3. 抗污染能力和耐久性

传统条形码的载体是纸张，因此容易受到污染，但 RFID 对水、油和化学药品等物质具有很强抵抗性。此外，由于条形码是附于塑料袋或外包装纸箱上，所以特别容易受到折损；RFID 卷标是将数据存在芯片中，因此可以免受污损。

4. 可重复使用

现今的条形码印刷上去之后就无法更改，RFID 标签则可以重复地新增、修改、删除 RFID 卷标内储存的数据，方便信息的更新。

5. 穿透性和无屏障阅读

在被覆盖的情况下，RFID 能够穿透纸张、木材和塑料等非金属或非透明的材质，并能够进行穿透性通信。而条形码扫描机必须在近距离而且没有物体阻挡的情况下，才可以辨读条形码。

6. 数据的记忆容量大

一维条形码的容量是 50 Bytes，二维条形码最大的容量可储存 2 至 3000 字符，RFID 最大的容量则有数有数兆个字符。随着记忆载体的发展，数据容量也有不断扩大的趋势。未来物品所需携带的资料量会越来越大，对卷标所能扩充容量的需求也相应增加。

7. 安全性

由于 RFID 承载的是电子式信息，其数据内容可经由密码保护，使其内容不易被伪造及变造。

RFID 因其所具备的远距离读取、高储存量等特性而备受瞩目。它不仅可以帮助一个企业大幅提高货物、信息管理的效率，还可以让销售企业和制造企业互联，从而更加准确地接收反馈信息，控制需求信息，优化整个供应链。

1.3 RFID 技术的频段

在无线电技术中，不同的频段有不同的特点和技术。实践中，不同频段的 RFID 实现技术差异很大。RFID 技术的空中接口几乎覆盖了无线电技术的全频段。射频识别系统具体涉及频段划分如下：

1. 无线电系统中射频的划分

(1) 低频段：低于 300 kHz 的为低频范围，包括极低频、超低频、特低频、甚低频和低频五个频段。

(2) 高频段：300 kHz ～ 300 MHz 为高频范围，包括中频、高频和甚高频三个频段。

(3) 射频微波段：频率高于 300 MHz 的范围为微波范围，包括特高频、超高频和极高频三个频段。

2. RFID 系统工作频率

低频(LF，频率范围为 30 kHz～300 kHz)：工作频段低于 135 kHz，常用 125 kHz。

高频(HF，频率范围为 3 MHz～30 MHz)：工作频率为 13.56 MHz ± 7 kHz。

特高频(UHF，频率范围为 300 MHz～3 GHz)：工作频率为 433 MHz、866 MHz～960 MHz 和 2.45 GHz。

超高频(SHF，频率范围为 3 GHz～30 GHz)：工作频率为 5.8 GHz 和 24 GHz，但目前 24 GHz 基本没有采用。

其中，后三个频段为工业科研医疗（industrial scientific medical，ISM）频段，是为工业、科研和医疗应用而保留的频率范围，不同国家可能会有不同的规定。表 1-1 所示为 RFID 工作频率表。

表 1-1 RFID 工作频率表

技术特点 \ 工作频段	低频(LF)	高频(HF)	超高频(UHF)		微波(MW)
典型频率	125 kHz	13.56 MHz	433 MHz	869.5 MHz、915.3 MHz	2.45 GHz
读写距离	一般<10 cm，可实现<1 m	一般<10 cm，可实现<1 m	几百米~2 千米	<10 m	约 100 m
应用场景	门禁、动物耳钉	智能卡、门禁、图书馆、货架	遥控遥测、传感器数据采集、室内定位	物流、物资识别、自动门禁、人员识别	收费站(ETC)、集装箱
多标签读取速度	慢 →→→→→→→→→→→→→→→→→→→→→→→→→→→→→→→ 快				
金属、潮湿表面识别能力	差 →→→→→→→→→→→→→→→→→→→→→→→→→→→→→→→ 好				
标签大小	大 →→→→→→→→→→→→→→→→→→→→→→→→→→→→→→→ 小				

1.4 RFID 的应用领域

经过半个多世纪的发展，从军事转为民用，越来越趋于成熟和多样化。目前 RFID 在金融支付、物流、零售、制造业、医疗、身份识别、防伪、资产管理、交通、食品、动物识别、图书馆、汽车、航空和军事等行业都已经实现不同程度的商业化使用。如表 1-2 所示。

例如：将标签附着在一辆正在生产的骑车中，厂家便可以追踪这辆车在生产线上的进度；将标签附着在药品包装上，仓库可以追踪药品的所在。标签也可以附于牲畜与宠物上，方便对牲畜与宠物的积极识别（就是防止数只牲畜或宠物使用同一个身份）。射频识别的身份识别卡可以使员工得以进入装有门禁系统的建筑，汽车上的射频应答器也可以在收费的路段和停车场用来不停车缴费。

表 1-2 RFID 在 15 个行业的应用

序 号	行 业	应 用
1	物流	物流过程中的货物追踪，信息自动采集，仓储应用，港口应用，快递
2	零售	商品销售数据实时统计，补货，防盗，结账
3	制造业	生产数据的实时监控，质量追踪，自动化生产
4	服装业	自动化生产，仓储管理，品牌管理，单品管理，渠道管理，串货管理
5	医疗	医疗器械管理，病人身份识别，婴儿防盗
6	身份识别	电子护照，身份证，学生证等各类电子证件
7	防伪	贵重物品（珠宝、酒、烟、药品）的防伪，票证的防伪
8	资产管理	各类资产（贵重的、数量庞大、相似性高，或危险品等）
9	交通	智能交通，高速收费，出租车管理，公交车枢纽管理，铁路机车识别等

续表

序号	行业	应用
10	食品	水果、蔬菜、生鲜等食品的溯源和保鲜度管理
11	动物识别	驯养动物,畜牧牲口,宠物等识别管理
12	图书馆	书店、图书馆、出版社等应用
13	汽车	制造,防盗,定位,车钥匙
14	航空	制造,旅客机票,行李包裹追踪
15	军事	枪支、弹药、物资、人员、卡车等识别与追踪

1. 仓库/运输/物资

给货品贴 RFID 芯片,存放在仓库、商场等货品以及物流过程中,货品相关信息被读写器自动采集,管理人员就可以在系统迅速查询货品信息,降低丢弃或者被盗的风险,可以提高货品交接速度,提高准确率,并且防伪。

2. 门禁/考勤

一些公司或者一些大型会议,通过提前录入人员身份或者指纹信息,就可以通过门口识别系统自行识别签到,中间就省去了很多时间,方便又省力。

3. 固定资产管理

像图书馆、艺术馆及博物馆等资产庞大或者物品贵重的一些场所,就需要有完整的管理程序或者严谨的保护措施,当书籍或者贵重物品的存放信息有异常变动,就会第一时间在系统里提醒管理员,从而处理相关情况。

4. 火车/汽车识别/行李安检

我国铁路的车辆调度系统就是一个典型的案例,自动识别车辆号码和信息输入,省去了大量人工统计的时间,以及提高了精准度。

5. 医疗信息追踪

病例追踪、废弃物品追踪、药品追踪等都是提高医院服务水平和效率的好方法。

6. 军事/国防/国家安全

一些重要军事药品、枪支、弹药或者军事车辆的动态都是需要实时跟踪。

1.5 RFID 的发展趋势

RFID 的技术与互联网、大数据、人工智能和云计算等进行深度的融合,继各大型的无人超市应用之后,无人零售引领了新一轮的 RFID 技术创新与应用。

RFID 技术的迅速发展推动了 RFID 标签天线的发展,RFID 标签天线越来越走向多元化,就目前来看,电子标签天线主要朝着绿色环保、防伪防转移和原材料多样化的方向发展。

采用特殊油墨直接将天线印制在各种材料上,然后再绑定芯片。RFID 标签内的芯片可以具有全球唯一的编码信息,该编码只能被授权的厂商进行读写识别。标签内的全球唯一编码信息就能代表产品的唯一性,将标签内的全球唯一的编码信息通过网络发送至商家服务器进行验证,就能确定商品的唯一性。若产品标签被损坏后,便无法读取信息,这也意味着信息无法被复制,完全扼杀了电子标签转移的可能性。

当标签被贴在玻璃、瓶口、桌子等平整的表面上后再揭起来,材料就无规则碎裂,无法完整揭起,以达到毁坏标签的效果,使标签不易被再次复制使用。且采用一种特殊的胶系,可以有效防止二次加温转移,做到真正意义上电子标签防伪。这样的标签更为环保、容易撕毁可防止重复使用、生产成本更低。

未来,超高频 RFID 技术发展主要有三个方向:定位、加密、传感器集成。

课 后 习 题

1. 什么是 RFID?
2. 射频技术和条形码有什么区别?RFID 的电子标签和条形码技术的特点是什么?有什么不同?
3. 简述射频识别系统的工作流程。
4. RFID 技术的优点是什么?列举生活中用到的 RFID 技术的例子。

第2章 RFID系统的组成和原理

在射频识别系统中,电子标签和读写器采用非接触式通信,那么信息是如何完成传递的呢?本章通过讲述射频识别的组成和原理来阐述这个问题。在本章中关于专业术语阅读器和读写器是同一个概念,应答器和电子标签是同一个概念,不再区分。

2.1 RFID系统的组成

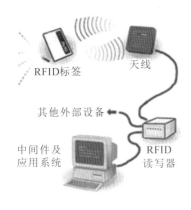

图2-1 RFID系统的构成

RFID系统一般由RFID阅读器(reader)、天线、RFID标签(或应答器)和中间件以及应用系统构成。阅读器由传送器、接收器和微处理器构成,又统称为读写器。所以工业界经常将RFID系统分为阅读器,天线和标签三大组件,这三大组件一般都可由不同的生产商生产。

阅读器通过天线发出电磁波信号,标签接收到信号后发射内部存储的标识信息,阅读器再通过天线接收并识别标签发回的信息,最后阅读器再将识别结果发送给主机。RFID体系架构如图2-1所示。图2-1中RFID读写器是核心部件,需要实现的功能如下。

(1)读写器的射频模块读取电子标签返回的微弱电磁信号并结果信号调理电路处理和转换成数字信号,完成对电子标签的识别或读写操作。

(2)和上层软件进行交互,实现应用功能的执行和数据的汇总上传。

2.1.1 电子标签

RFID标签(tag)是由耦合元件、芯片及微型天线组成的,每个标签内部有唯一的电子编码,附着在物体上,用来标识目标对象。标签进入阅读器扫描场以后,接收到阅读器发出的射频信号,凭借感应电流获得的能量发送出存储在芯片中的电子编码(被动式标签),或者主动发送某一频率的信号(主动式标签)。图2-2所示为几种不同的电子标签。

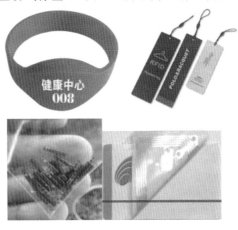

图2-2 几种电子标签

1. 标签中的电路单元

（1）天线：用来接收由阅读器送过来的信号，并把所要求的数据送回给阅读器。

（2）AC/DC 电路：把由卡片阅读器送过来的射频讯号转换成 DC 电源，并经大电容储存能量，再经稳压电路以提供稳定的电源。

（3）解调电路：把载波去除以取出真正的调制信号。

（4）逻辑控制电路：译码阅读器所送过来的信号，并依其要求回送数据给阅读器。

（5）内存：作为系统运作及存放识别数据的位置。

（6）调制电路：逻辑控制电路所送出的数据经调制电路后加载到天线送给阅读器。

2. 数据的存储方式

标签采用三种方式进行数据存储：电可擦可编程只读存储器（EEPROM）、铁电随机存取存储器（FRAM）和静态随机存取存储器（SRAM）。一般射频识别系统主要采用 EEPROM 方式。这种方式的缺点是写入过程中的功耗消耗很大，使用寿命一般为 100000 次。也有厂家采用 FRAM 方式。FRAM 的写入功耗消耗为 EEPROM 的 1/100，写入时间为 EEPROM 的 1/1000。FRAM 属于非易失类存储器。然而，FRAM 由于生产方面的问题至今未获得广泛应用。SRAM 能快速写入数据，适用于微波系统、但 SRAM 需要辅助电池不间断供电，才能保存数据。

3. 标签的分类

标签的分类方法有很多种，下面介绍几种常见的分类方法。

电子标签的分类方法按照标签是否内置电源或者按照电子标签发送信号时机，可以分为三种类型：被动式标签、主动式标签和半主动式标签。

1）被动式标签

被动式标签因内部没有电源设备又被称为无源标签。被动式 RFID 标签从接收到的 RFID 读写器发送的电磁波中获取能量，激活后才能向外发送数据，从而 RFID 能够读取到数据信号。

被动式标签内部的集成电路通过接收由阅读器发出的电磁波进行驱动，向阅读器发送数据。被动式标签的通信频率可以是高频（HF）或超高频（UHF）。第一代被动式标签采用高频通信，其通信频段为 13.56 MHz。通信距离较短，最长只能到达 1 m 左右，主要用于访问控制和非接触式付款。第二代被动式标签采用超高频通信，其通信频段为 860～960 MHz。通信距离较长，可达 3～5 m，并且支持多标签识别，即间读器可同时准确识别多个标签。迄今为止，第二代被动式标签也是应用最为广泛的 RFID 标签，主要用于工业自动化、资产管理、货物监控、个人标识和访问控制等领域。

2）主动式标签

主动式标签因标签内部携带电源又被称为有源标签。主动式 RFID 标签依靠自身安置的电池等能量源主动向外发送数据。

电源设备和与其相关的电路决定了主动式标签要比被动式标签体积大、价格昂贵。但主动式标签通信距离更远，可达上百米远。主动式标签有两种工作模式，一种是主动模式，在这种模式下标签主动向四周进行周期性广播，即使没有阅读器存在也会这样做；另一种为唤醒模式，为了节约电源并减小射频信号噪声。标一开始处于低耗电量的休眠状态。阅读器识别时需先广播一个唤醒命令，只有当标签接收到唤醒命令时才会开始广播自己的编码。这种低能耗的唤醒模式通常可以使主动式标签的寿命长达好几年，如 RFCode 主动标签就可以使用7年以上。

3) 半主动式标签

半主动式标签兼有被动式标签和主动式标签的所有优点,内部携带电池,能够为标签内部计算提供电源。半主动式 RFID 标签自身的电池等能量源只提供给 RFID 标签中的电路使用,并不主动向外发送数据信号,当它接收到 RFID 读写器发送的电磁波激活之后,才向外发送数据信号。

这种标签可以携带传感器,可用于检测环境参数,如温度、湿度、移动性等。和主动式标签不同的是,它们的通信并不需要电池提供能量,而是像被动式标签一样通过阅读器发射的电磁波取通信能量。

电子标签的分类方法按照数据读写类型分为只读式 RFID 标签和读写式 RFID 标签。

1) 只读式 RFID 标签

只读式 RFID 标签的内容只可读出不可写入。只读式 RFID 标签又可以进一步分为:只读标签、一次性编程只读标签与可重复编程只读标签。

只读标签的内容在标签出厂时已经被写入,在读写器识别过程中只能读出不能写入,只读标签内部使用的是只读存储器(ROM),只读标签属于标签生产厂商受客户委托定制的一类标签。

一次性编程只读标签的内容不是在出厂之前写入,而是在使用前通过编程写入,在读写器识别过程中只能读出不能写入;一次性编程只读标签内部使用的是可编程序只读存储器(PROM)、可编程阵列逻辑(PAL);一次性编程只读标签可以通过标签编码/打印机写入商品信息。

可重复编程只读标签的内容经过擦除后,可以重新编程写入,但是在读写器识别过程中只能读出不能写入;一次性编程只读标签内部使用的是可擦除可编程只读存储器(EPROM)或通用阵列逻辑(GAL)。

2) 读写式 RFID 标签

读写式 RFID 标签的内容在识别过程中可以被读写器读出,也可以被读写器写入;读写式 RFID 标签内部使用的是随机存取存储器(RAM)或电可擦可编程只读存储器(EEROM)。

有些标签有2个或2个以上的内存块,读写器可以分别对不同的内存块编程写入内容。

电子标签的分类方法按照 RFID 标签的工作频率进行分类,可以分为低频、中高频、超高频与微波四类。由于 RFID 工作频率的选取会直接影响芯片设计、天线设计、工作模式、作用距离、读写器安装要求,因此,了解不同工作频率下 RFID 标签的特点,对于设计 RFID 应用系统是十分重要的。

1) 低频 RFID 标签

低频标签典型的工作频率为 125 kHz~134.2 kHz。低频标签一般为上述的无源标签,通过电感耦合方式,从读写器耦合线圈的辐射近场中获得标签的工作能量,读写距离一般小于1米。

低频标签芯片造价低,适合近距离、低传输速率、数据量较小的应用,如门禁、考勤、电子计费、电子钱包、停车场收费管理等。低频标签的工作频率较低,可以穿透水、有机组织和木材,其外观可以做成耳钉式、项圈式、药丸式或注射式,适用于牛、猪、信鸽等动物的标识。

2) 中高频 RFID 标签

中高频标签的常见的工作频率为 13.56 MHz,其工作原理与低频标签基本相同,为无源标签。标签的工作能量通过电感耦合方式,从读写器耦合线圈的辐射近场中获得,读写距离一般小于1米。

中高频标签可以方便地做成卡式结构,典型的应用有电子身份识别、电子车票,以及校园卡和门禁系统的身份识别卡。我国第二代身份证内就嵌有符合 ISO/IEC14443B 标准的 13.56 MHz 的 RFID 芯片。

3) 超高频和微波 RFID 标签

超高频与微波段 RFID 标签通常简称为"微波标签",典型的超高频工作频率为 860 MHz~928 MHz,微波段工作频率为 2.45 GHz~5.8 GHz。微波标签主要有无源标签与有源标签两类。微波无源标签的工作频率主要是在 902 MHz~928 MHz;微波有源标签工作频率主要在 2.45 GHz~5.8 GHz。微波标签工作在读写器天线辐射的远场区域。

由于超高频与微波段电磁波的一个重要特点是:视距传输,超高频与微波段无线电波绕射能力较弱,发送天线与接收天线之间不能有物体阻挡。因此,用于超高频与微波段 RFID 标签的读写器天线被设计为定向天线,只有在天线定向波束范围内的电子标签可以被读写。读写器天线辐射场为无源标签提供能量,无源标签的工作距离大于1米,典型值为4~7米。读写器天线向有源标签发送读写指令,有源标签向读写器发送标签存储的标识信息。有源标签的最大工作距离可以超过百米。

微波标签一般用于远距离识别与对快速移动物体的识别。例如,近距离通信与工业控制领域、物流领域、铁路运输识别与管理,以及高速公路的不停车电子收费(ETC)系统。

电子标签的分类方法也可以按照封装类型样式进行分类,可以分为贴纸式标签、塑料标签、玻璃标签、抗金属标签。

1) 贴纸式 RFID 标签

贴纸式 RFID 标签一般由面层、芯片与天线电路层、胶层与底层组成。贴纸式 RFID 标签价格便宜,具有可粘贴功能,能够直接粘贴在被标识的物体上,面层往往可以打印文字,通常被应用于工厂包装箱标签、资产标签、服装和物品的吊牌等。

2) 塑料 RFID 标签

塑料封装 RFID 标签采用特定的工艺与塑料基材(ABS、PVC 等),将芯片与天线封装成不同外形的标签。封装 RFID 标签的塑料可以采用不同的颜色,封装材料一般都能够耐高温。

3) 玻璃 RFID 标签

玻璃封装 RFID 标签将芯片与天线封装在不同形状的玻璃容器内,形成玻璃封装的 RFID 标签。玻璃封装 RFID 标签可以植入动物体内,用于动物的识别与跟踪,以及珍贵鱼类、狗、猫等宠物的管理,也可用于枪械、头盔、酒瓶、模具、珠宝或钥匙链的标识。

4) 抗金属 RFID 标签

抗金属 RFID 标签就是在 RFID 电子标签的基础上加了一层抗金属材料,这层材料可以避免标签贴在金属物体上面之后失效的情况发生,抗金属材料是一种特殊的防磁性吸波材料封装成的电子标签,从技术上解决了电子标签不能附着于金属表面使用的难题,产品可防水、防酸、防碱、防碰撞,可在户外使用。

4. RFID 的标签的优点

1) 体积小且形状多样

RFID 标签在读收上并不受尺寸大小与形状限制,不需要为了读取精度而配合纸张的固定尺寸和印刷品质。

2) 耐环境性

RFID 对水、油等物质却有极强的抗污染性。即使在黑暗的环境中，RFID 标签也能够被读取。这点是条形码无法具有的性能。

3) 可重复使用

标签具有读写功能，电子数据可被反复覆盖，因此可以被回收而重复使用。

4) 穿透性强

标签在被纸张、木材和塑料等非金属或非透明的材质包裹的情况下也可以进行穿透性通信。

5) 数据安全性较高

标签内的数据通过循环冗余校验的方法来保证标签发送的数据准确性。

2.1.2 阅读器

阅读器是 RFID 系统最重要也最复杂的一个组件。操作模式一般是主动向标签询问信息，所以有时又被称为询问器（Interrogator）。图 2-3 给出了几种不同外观的阅读器。阅读器一方面通过标准网口、RS232 串口或 USB 接口同主机相连，另一方面通过天线同 RFID 标签通信。有时为了方便，阅读器和天线以及智能终端设备会集成在起形成可移动的手持式阅读器。

图 2-3　不同外观的阅读器

读写器的基本任务是和电子标签建立通信关系，完成对电子标签信息的读写。在这个过程中涉及的一系列任务，如通信的建立、防止碰撞和身份验证等都是由读写器处理完成的。

1. 读写器具有的功能

1) 给标签提供能量

标签在被动式或者半被动式的情况下，需要读写器提供能量来激活电子标签。

2) 实现与电子标签的通信

读写器对标签进行数据访问，其中包括对电子标签的读数据和写数据。

3) 实现与计算机通信

读写器能够利用一些接口实现与计算机的通信，并能够给计算机提供信息，用于系统终端与信息管理中心进行数据交换，从而解决整个系统的数据管理和信息分析需求。

4) 实现多个电子标签识别

读写器能够正确地识别其工作范围内的多个电子标签，具备防碰撞功能，可以与多个电子标签进行数据交换。

5）实现移动目标识别

读写器不但可以识别静止不动的物体,也可以识别移动的物体。

6）读写器必须具备数据记录功能

即对于需要记录的数据信息进行实时记录,以达到信息中心进一步进行数据分析的需求。

2. 阅读器包含的电路单元

（1）天线:用来发送无线信号给 Tag,并把由 Tag 响应回来的数据接收回来。

（2）发射载波产生器:产生系统的工作频率。

（3）调制电路:把要送给 Tag 的信号加载到载波并送给射频电路送出。

（4）微处理器:产生要送给电子标签信号给调制电路,同时译码 Tag 回送的信号,并把所得的数据回传给应用程序,若是加密的系统还必须做解密操作。

（5）存储器:存储用户程序和数据。

（6）解调电路:解调 tag 送过来的微弱信号,再送给微处理器处理。

（7）外设接口:用来和计算机通信。

2.1.3 中间件

中间件(middleware)是位于平台(硬件和操作系统)和应用之间的通用服务,这些服务具有标准的程序接口和协议。中间件在操作系统、网络和数据库之上,应用软件的下层,总的作用是为处于自己上层的应用软件提供运行与开发的环境,帮助用户灵活、高效地开发和集成复杂的应用软件。针对不同的操作系统和硬件平台,它们可以有符合接口和协议规范的多种实现。

RFID 中间件是用来加工和处理来自读写器的所有信息和事件流的软件,是连接读写器和企业应用的纽带,使用中间件提供一组通用的应用程序接口（API）,即能连到 RFID 读写器,读取 RFID 标签数据。它要对标签数据进行过滤、分组和计数,以减少发往信息网络系统的数据量并防止错误识读、多读信息。

RFID 中间件在实际应用中完成数据的处理、传递和对读写器的管理等功能,用来监测 RFID 设备及其工作状态,管理和处理电子标签和读写器之间的数据流以及提供 RFID 设备和主机的接口。RFID 中间件功能有:

（1）标签数据的读写;

（2）数据的过滤和聚集;

（3）RFID 数据的分发;

（4）数据安全。

2.1.4 应用系统高层

对于某些简单的应用,一个读写器可以独立完成应用的需要。例如,公交车上的阅读器可以实现对公交票卡的验读和收费。但对于多阅读器构成网络架构的信息系统,高层是必不可少的。

对于多数应用来说,射频识别系统是由许多读写器构成的信息系统,需要系统高层。系统高层可以将许多读写器获取的数据有效地整合起来,完成查询、管理与数据交换等功能。系统高层完成以下功能。

1. 设备管理

设备管理实现的主要功能:一是为网络上的读写器进行适配,并按照上层的配置建立实时的 UDP 连接并做好接收标签数据的准备；二是对接收到的数据进行预处理。读写器传递上来的数据存在着大量的冗余信息以及一些误读的标签信息，所以要对数据进行过滤，消除冗余数据。预处理内容包括集中处理所属读写器采集到的标签数据，并统一进行冗余过滤、平滑处理、标签解读等工作。经过处理后，每条标签内容包含的信息有标准 EPC( ) 格式数据、采集的读写器编号、首次读取时间、末次读取时间等，并以一个读周期为时间间隔，分时向事件处理子系统发送，为进一步的数据高级处理做好必要准备。

2. 事件处理

在 RFID 系统中，一方面是各种应用程序以不同的方式频繁地从 RFID 系统中取得数据；另一方面却是有限的网络带宽，这种矛盾使得设计一套消息传递系统成为自然而然的事情。

设备管理系统产生事件，并将事件传递到事件处理系统中，由事件处理系统进行处理，然后通过数据服务接口把数据传递到相关的应用系统。在这种模式下，读写器不必关心哪个应用系统需要什么数据。同时，应用程序也不需要维护与各个读写器之间的网络通道，仅需要将需求发送到事件处理系统中即可。事件处理系统应具有如下功能：①数据缓存功能；②基于内容的路由功能；③数据分类存储功能。

来自事件处理系统的数据一般以临时 XML 文件的形式和磁盘文件方式保存，供数据服务接口使用。这样，一方面可通过操作临时 XML 文件，实现数据入库前数据过滤功能；另一方面又实现了 RFID 数据的批量入库，而不是对于每条来自设备管理系统的 RFID 数据都进行一次数据库的连接和断开操作，减少了因数据库连接和断开而浪费的宝贵资源。

3. 数据服务接口

来自事件处理系统的数据最终是分类的 XML 文件。同一类型的数据以 XML 文件的形式保存，并提供给相应的一个或多个应用程序使用。而数据服务接口主要是对这些数据进行过滤、入库操作，并提供访问相应数据库的服务接口。

2.2 RFID 系统的原理

射频识别系统的结构与通信系统的基本模型相类似，满足了通信功能的基本要求。阅读器器电子标签之间的数据传输构成了通信模型相类似的结构。阅读器与电子标签之间的数据传输需要三个主要的功能块，如图 2-4 所示。

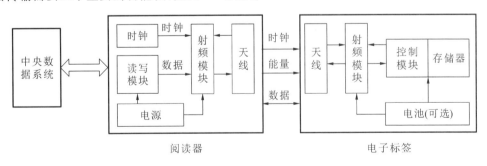

图 2-4 RFID 系统框图

在图 2-1 中一套完整的 RFID 系统，是由阅读器(reader)与电子标签(TAG)也就是所谓的应答器(transponder)及中央数据处理系统三个部分所组成。

以被动式标签系统为例，信息交互的过程为：

阅读器通过天线发射出高频震荡信号,应答器通过天线的感应产生感应电流,电子标签被激活,应答器工作将信息调制到高频载波和利用内置天线发射出去,读写器天线接收应答器的已调信号,读写器对接收的信号进行信号调理、解调和解码,读写器将读取的有效信息传送到系统主机。射频前端就是实现射频能量的产生和信息传递的电路称。

对于被动式标签电路,标签自身没有电源,那么标签电路是如何完成上电工作的呢？根据安培定理知道,电流流过一个导体时,在此导体的周围会产生一个磁场。RFID系统的耦合方式有电感耦合和反向散射耦合两种方式,通过耦合完成能量和信息的传递。

2.3 RFID 的耦合方式

从电子标签到读写器之间的通信和能量感应方式来看,RFID系统一般可以分为电感耦合(磁耦合)系统和电磁反向散射耦合(电磁场耦合)系统。电感耦合系统是通过空间高频交变磁场实现耦合,依据的是电磁感应定律;电磁反向散射耦合,即雷达原理模型,发射出去的电磁波碰到目标后反射,同时携带回目标信息,依据的是电磁波的空间传播规律。

电感耦合方式一般适合于高、低频率工作的近距离RFID系统;电磁反向散射耦合方式一般适合于超高频、微波工作频率的远距离RFID系统。如图2-5所示。现在低频125K和高频13.56 MHz都用的是电感耦合的原理。超高频902～928 MHz用的是反射散射的原理。

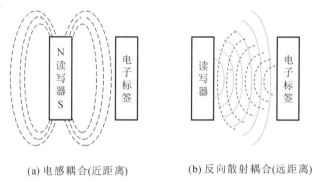

(a) 电感耦合(近距离)   (b) 反向散射耦合(远距离)

图 2-5 RFID 系统的耦合方式

2.3.1 电感耦合 RFID 系统

电感耦合方式普遍应用于低频和高频电子标签,适合于读取距离较短的场合,一般在1 m以内。电感耦合系统又可以分为密耦合系统和遥耦合系统。

密耦合系统具有很小的作用距离,典型值为0～1 cm。在密耦合系统中电子标签必须插入读写器中或者贴在读写器天线的表面,因此数据载体与读写器之间的密耦合能够提供较大的能量。密耦合系统主要应用于安全要求较高,但对作用距离不作要求的设备中,如电子门锁系统。

遥耦合系统的典型作用距离可以达到1 m。遥耦合系统又可细分为近耦合系统(典型作用距离为15 cm)与疏耦合系统(典型作用距离为1 m)两类。遥耦合系统的典型工作频率为13.56 MHz,也有一些其他频率,如6.75 MHz、27.125 MHz等。在ISO/IEC标准中,14443标准和15693分别针对近耦合系统和疏耦合系统。遥耦合系统目前仍然是低成本射频识别系统的主流。

电感耦合的射频载波频率为13.56 MHz和小于135 KHz的频段,应答器和读写器之间的工作距离小于 1 m，典型的作用距离为 10～20 cm。图 2-6 所示为电感耦合系统框图。

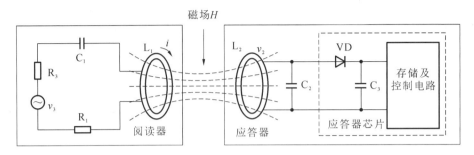

图 2-6　电感耦合系统框图

阅读器天线电路如图 2-7 所示，从图中有电流流过天线线圈时，有电磁场产生，进行能量的传递；在电子标签内部也有同样的天线电路，通过感应产生电场，给标签内部供电。

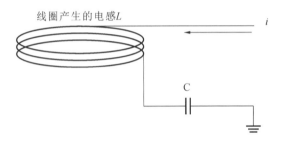

图 2-7　RFID 读写器射频前端天线电路

RFID 阅读器的射频前端常采用图 2-7 所示的串联谐振电路。串联谐振回路具有电路简单、成本低，激励可采用低内阻的恒压源，谐振时可获得最大的回路电流等特点，被广泛采用。

耦合天线线圈功能要求：

(1) 天线线圈的电流最大，用于产生最大的磁通量。

(2) 功率匹配，以最大限度地利用磁通量的可用能量，即最大限度地输出读写器的能量足够的带宽，保证载波信号的传输，使读写器信号无失真输出。

2.3.2　反向散射耦合

雷达技术为 RFID 的反向散射耦合方式提供了理论和应用基础。当电磁波遇到空间目标时，其能量的一部分被目标吸收，另一部分以不同的强度散射到各个方向。在散射的能量中，一小部分反射回发射天线，并被天线接收(因此发射天线也是接收天线)，对接收信号进行放大和处理，即可获得目标的有关信息。

一个目标反射电磁波的频率由反射横截面来确定。反射横截面的大小与一系列的参数有关，如目标的大小、形状和材料，电磁波的波长和极化方向等。由于目标的反射性能通常随频率的升高而增强，所以 RFID 反向散射耦合方式采用特高频和超高频，应答器和读写器的距离大于 1 m。

RFID 反向散射耦合方式的原理框图如图 2-8 所示，读写器、应答器和天线构成一个收发通信系统。

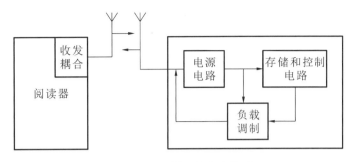

图 2-8 反向散射耦合方式的原理

1. 应答器的能量供给

无源应答器的能量由读写器提供,读写器天线发射的功率 P1 经自由空间衰减后到达应答器,设到达功率为 P2。在应答器中被吸收的功率经应答器中的整流电路后形成应答器的工作电压。

在 UHF 和 SHF 频率范围,有关电磁兼容的国际标准对读写器所能发射的最大功率有严格的限制,因此在有些应用中,应答器采用完全无源方式会有一定困难。为解决应答器的供电问题,可在应答器上安装附加电池。为防止电池不必要的消耗,应答器平时处于低功耗模式,当应答器进入读写器的作用范围时,应答器由获得的射频功率激活,进入工作状态。

2. 应答器至读写器的数据传输

由读写器传到应答器的功率 的一部分被天线反射,反射功率 P2 经自由空间后返回读写器,被读写器天线接收。接收信号经收发耦合器电路传输到读写器的接收通道,被放大后经处理电路获得有用信息。

应答器天线的反射性能受连接到天线的负载变化的影响,因此,可采用相同的负载调制方法实现反射的调制。其表现为反射功率 P2 是振幅调制信号,它包含了存储在应答器中的识别数据信息。

3. 读写器至应答器的数据传输

读写器至应答器的命令及数据传输,应根据 RFID 的有关标准进行编码和调制,或者按所选用应答器的要求进行设计。

2.4 RFID 中间件技术

RFID 中间件(middleware)技术将企业级中间件技术延伸到 RFID 领域,是 RFID 产业链的关键共性技术。它是 RFID 读写器和应用系统之间的中介。RFID 中间件屏蔽了 RFID 设备的多样性和复杂性,能够为后台业务系统提供强大的支撑,从而驱动更广泛、更丰富的 RFID 应用。

RFID 中间件是介于前端读写器硬件模块与后端数据库、应用软件之间的一类软件,是 RFID 应用部署运作的中枢。它使用系统软件所提供的基础服务(功能),衔接网络上应用系统的各个部分或不同的应用,能够达到资源共享、功能共享的目的。

目前,对 RFID 中间件还没有很严格的定义,普遍接受的描述是:中间件是一种独立的系统软件或服务程序,分布式应用软件借助这种软件在不同的技术之间共享资源,中间件位于客户机服务器的操作系统之上,管理计算资源和网络通信。

使用中间件主要有 3 个目的:①隔离应用层与设备接口;②处理读写器与传感器捕获的

原始数据；③提供应用层接口用于管理读写器、查询RFID观测数据。

1. RFID中间件的组成

RFID中间件（即RFID Edge Server）也是EPC global推荐的RFID应用框架中相当重要的一环，它负责实现与RFID硬件以及配套设备的信息交互与管理，同时作为一个软硬件集成的桥梁，完成与上层复杂应用的信息交换。鉴于使用中间件的3个主要原因，大多数中间件应由读写器适配器、事件管理器和应用程序接口3个组件组成。

1) 读写器适配器

读写器适配器的作用是提供读写器接口。假若每个应用程序都编写适应于不同类型读写器的API程序，那将是非常麻烦的事情。读写器适配器程序提供一种抽象的应用接口，来消除不同读写器与API之间的差别。

2) 事件管理器

事件管理器的作用是过滤事件。读写器不断从电子标签读取大量未经处理的数据，一般说来应用系统内部存在大量重复数据，因此数据必须进行去重和过滤。而不同的数据子集，中间件应能够聚合汇总应用系统定制的数据集合。事件管理器就是按照规则取得指定的数据。过滤有两种类型，一是基于读写器的过滤；二是基于标签和数据的过滤。提供这种事件过滤的组件就是事件管理器。

3) 应用程序接口

应用程序接口的作用是提供一个基于标准的服务接口。这是一个面向服务的接口，即应用程序层接口，它为RFID数据的收集提供应用程序层语义。

2. RFID中间件的主要功能

RFID中间件的任务主要是对读写器传来的与标签相关的数据进行过滤、汇总、计算、分组，减少从读写器传往应用系统的大量原始数据、生成加入了语义解释的事件数据。因此说，中间件是RFID系统的"神经中枢"，也是RFID应用的核心设施。具体说来，RFID中间件的功能主要集中在以下4个方面。

1) 数据实时采集

RFID中间件最基本的功能是从多种不同读写器中实时采集数据。在当前的形势，RFID应用处于起始阶段，特别是在物流等行业，条码等还是主要的识别方式，而且现在不同生产商提供的RFID读写器接口未能标准化，功能也不尽相同，这就要求中间件能兼容多种读写器。

2) 数据处理

RFID的特性决定了它在短时间内能产生海量的数据，而这些数据有效利用率非常低，必须经过过滤聚合处理，缩减数据的规模。此外，RFID本身具有错读、漏读和多读等在硬件上无法避免的问题，通过软件的方法弥补，事件的平滑过滤可确保RFID事件的一致性、准确性。这不但需要进行数据底层处理，也需要进行高级处理功能，即事件处理。

3) 数据共享

RFID产生的数据最终的目的是数据的共享，随着部署RFID应用的企业增多，大量应用出现推动数据共享的需求，高效快速地将物品信息共享给应用系统，提高了数据利用的价值，是RFID中间件的一个重要功能。这主要涉及数据的存储、订阅和分发，以及浏览器控制。

4) 安全服务

RFID中间件采集了大量的数据，并把这些数据共享，这些数据可能是很敏感的数据，比如个人隐私，这就需要中间件实现网络通信安全机制，根据授权提供给应用系统相应的数据。

3. 中间件的工作机制及特点

从理论上讲,中间件的工作机制为:在客户端上的应用程序需要从网络中的某个地方获取一定的数据或服务,这些数据或服务可能处于一个运行着不同操作系统的特定查询语言数据库的服务器中。客户/服务器应用程序中负责寻找数据的部分只需访问一个中间件系统,由中间件完成到网络中寻址数据源或服务,进而传输客户请求、重组答复信息,最后将结果送回应用程序的任务。

中间件作为一个用 API 定义的软件层,在具体实现上应具有强大的通信能力和良好的可扩展性。作为一个中间件应具备:①标准的协议和接口,具备通用性、易用性;②分布式计算,提供网络、硬件、操作系统透明性;③满足大量应用需要;④能运行于多种硬件和操作系统平台。其中,具有标准的协议和接口更为重要,因为由此可实现不同硬件、操作系统平台上的数据共享、应用互操作。

2.5 RFID 天线技术

凡是利用电磁波来传递信息和能量的,都依靠天线来进行工作,天线是用来发射或接收无线电波的装置和部件。

由发射机产生的高频振荡能量,经过传输线(在天线领域,传输线也称为馈线)传送到发射天线,然后由发射天线变为电磁波能量,向预定方向辐射。电磁波通过传播媒质到达接收天线后,接收天线将接收到的电磁波能量转变为导行电磁波,然后通过馈线送到接收机,完成无线电波传输的过程。如图 2-9 所示。

天线在上述无线电波传输的过程中,是无线通信系统的第一个和最后一个器件。

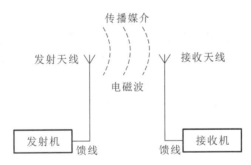

图 2-9 天线上电磁波传播示意图

天线实物图如图 2-10 所示。

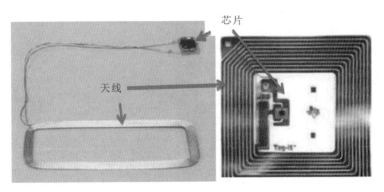

图 2-10 天线实物图

1. 电子标签天线的设计要求

(1)天线必须足够小。

(2)天线提供最大可能的信号和能量给标签的芯片。

(3)天线具有鲁棒性。

(4)天线非常便宜。

2. 读写器天线的设计要求

(1)读写器天线既可以与读写器集成在一起,也可以采用分离式。

(2)读写器天线设计要求多频段覆盖。

(3)应用智能波束扫描天线阵。

课后习题

1. 根据射频耦合方式的不同,RFID 可以分为_____和_____两大类,前者依据的是_____,一般适合于高、低频率工作的近距离 RFID 系统,后者依据的是_____,一般适合于超高频、微波工作频率的远距离 RFID 系统。

2. RFID 的射频前端电路的作用_____。其中读写器的射频前端常采用_____电路,电子标签的射频前端常采用_____电路。

3. 采用电感耦合方式时,应答器向阅读器的数据传输采用_____。

4. 在电感耦合方式的 RFID 系统中,负载调制有_____和_____两种方法。

5. 简述影响射频卡读写距离的因素有哪些。

6. 根据射频标签工作方式分为哪三种类型?根据射频标签的读写方式可分为哪两类?

7. 简述 RFID 的系统中中间件的功能和组成。

8. 简述 RFID 系统的电感耦合方式和反方向散射耦合方式的原理和特点。

9. 应答器的能量获取有哪些方法?

10. 给出 RFID 系统的组成框图,简述高层的作用。

11. 在 RFID 系统中天线的作用是什么?天线的设计要点是什么?

12. 简述 RFID 系统中载波的作用。

第3章 RFID 的数据通信与安全

3.1 RFID 的通信基本概念

1. 通信系统中的概念

通信是帮助人类在生活、生产和社会活动中进行消息(或信息)的传递,传递消息(或信息)的过程就叫作通信。通信系统是指完成通信这一过程的全部设备和传输媒介总和。

通信系统可以用图 3-1 所示的模型来表示。

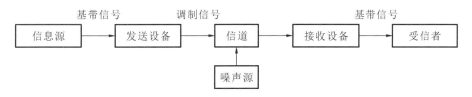

图 3-1 通信系统模型

(1) 信息源(简称信源):把各种消息转换成原始电信号,如麦克风。信源可分为模拟信源和数字信源。

模拟信号:代表消息的信号参量取值连续,例如麦克风的输出电压;数字信号:代表消息的信号参量取值为有限个,例如电报信号、计算机输入/输出信号。如图 3-2 所示。

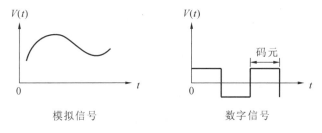

图 3-2 模拟和数字信号

按照信道中传输的是模拟信号还是数字信号,相应地把通信系统分为模拟通信系统和数字通信系统。

模拟通信系统是利用模拟信号来传递信息的通信系统。在模拟通信系统中,发送设备简化为调制器,接收设备简化为解调器,主要是强调在模拟通信系统中调制的重要作用。数字通信系统是利用数字信号来传递信息的通信系统。

(2) 发送设备:产生适合于在信道中传输的信号的设备。例如:低频的信号不适宜在无线信道传输,故需要调制设备把低频的信号加载在高频载波上进行无线传输。语音信号需要在电力线上传输也需要调制设备。

(3) 信道:将来自发送设备的信号传送到接收端的物理媒质,分为有线信道和无线信道两大类。

(4) 噪声源:表示分布于通信系统中各处的噪声。

(5) 接收设备：从受到减损的接收信号中正确恢复出原始电信号的设备，包括信号的调理电路和解调设备。

(6) 受信者（信宿）：把原始电信号还原成相应的消息，如扬声器等。

2. RFID 系统的基本通信模型

RFID 通信系统常采用数字信号，属于数字通信类型。RFID 系统的基本通信模型如图 3-3 所示。

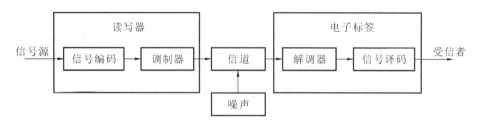

图 3-3 RFID 系统的基本通信模型

在读写器到电子标签的数据传输通路中，RFID 系统主要由读写器（发送器）中的信号编码（信号处理）和调制器（载波电路）、传输介质（信道），以及电子标签（接收器）中的解调器（载波回路）和信号译码（信号处理）组成。

RFID 系统内的数据交换包括：RFID 读写器向 RFID 电子标签方向的数据传输和 RFID 电子标签向 RFID 读写器方向的数据传输。

信号编码与译码是为了提高信息传输的有效性以及完成模/数转换，增强抗干扰能力。信号编码系统是对要传输的信息进行编码，以便传输信号能够尽可能最佳地与信道相匹配，防止信息干扰或发生碰撞。有时为了保证所传信息的安全还需要对信号加密。

调制器形成适合在信道中传输的带通信号。解调器用于解调还原基带信号。射频识别系统信道的传输介质为磁场（电感耦合）和电磁波（微波）。

信号译码系统是对从解调器传来的基带信号进行译码，恢复成原来的信息，并识别和纠正传输错误。

RFID 通信系统常采用数字信号，其主要特点如下。

1) 信号的完整性

RFID 采用非接触技术传递信息，容易遇到干扰，使信息传输发生改变。数字信号容易校验，并容易防碰撞，可以使信号保持完整性。

2) 信号的安全性

RFID 系统采用无线方式传递信息，开放的无线系统存在安全隐患。数字信号的加密和解密处理比模拟信号容易得多。

3) 便于存储、处理和交换

数字信号的形式与计算机所用的信号一致，都是二进制代码。采用数字信号便于与计算机互联，也便于计算机对数字信息进行存储、处理和交换，可使物联网的管理和维护实现自动化、智能化。

3. 信号工作方式

电子标签和读写器的信息传输是在电子标签能量供应间歇期进行的，读写器与电子标签不同时发射，如图 3-4 所示。这种方式可改善信号受干扰的状况，提高系统的工作距离。

 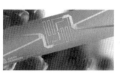

图 3-4 RFID 信息传递

RFID 系统的基本工作方式分为全双工(full duplex)系统和半双工(half duplex)系统以及时序(SEQ)系统。

全双工表示射频标签与读写器之间可在同一时刻互相传送信息。半双工表示射频标签与读写器之间可以双向传送信息，但在同一时刻只能向一个方向传送信息。

在全双工和半双工系统中，射频标签的响应是在读写器发出电磁场或电磁波的情况下发送出去的。因为与阅读器本身的信号相比，射频标签的信号在接收天线上是很弱的，所以必须使用合适的传输方法，以便把射频标签的信号与阅读器的信号区别开来。在实践中，人们对从射频标签到阅读器的数据传输一般采用负载反射调制技术将射频标签数据加载到反射回波上。

3.2 编码技术

编码分为信源编码和信道编码。

1. 信源编码与解码

(1) 提高信息传输的有效性。

(2) 完成模/数转换。

2. 信道编码与解码

信道编码是对信源编码器输出的信号进行再变换，包括区分通路、适应信道条件和提高通信可靠性而进行的编码。信道解码是信道编码的逆过程。

3.2.1 RFID 常见的编码

在编码中用不同数据形式来表示二进制码的"1"和"0"。简单来说，就是用不同的脉冲信号表示 0 和 1。RFID 系统通常使用下列编码方式：单极性不归零(NRZ)编码、曼彻斯特(Manchester)编码、单极性归零(RZ)编码、差动双相(DBP)编码、米勒(Miller)编码。

例如：待发送的数字信号为 0011010，则采用图 3-5 所示四种编码来表示发送的信号。

1. 单极性不归零编码

不归零码就是信号电平由 0、1 表示，并且在表示完一个码元后，电压不必回到 0。

单极性不归零编码是一种二元码，用高电平和低电平(常为零电平)分别表示二进制码"1"和"0"，在整个码元期间电平保持不变，编码方式简单。如图 3-6 所示。

单极性不归零编码中含有丰富的低频乃至直流分量，且不容易提取定时信息。所以单极性不归零编码不适合远距离传输。

(1) 有直流分量，一般信道难以传输零频附近的频率分量。

(2) 不能直接用来提取位同步信号，因为 NRZ 中不含有位同步信号频率成分。

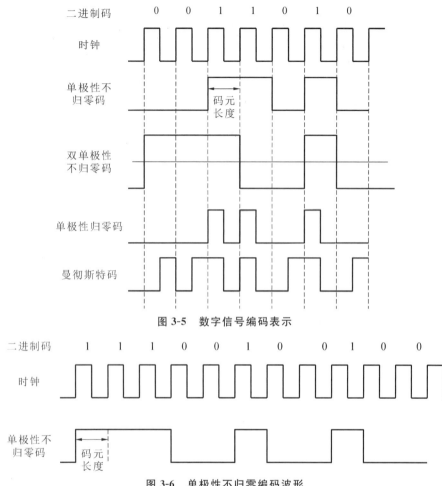

图 3-5 数字信号编码表示

图 3-6 单极性不归零编码波形

2. 曼彻斯特编码

曼彻斯特编码也被称为分相编码。每位编码中有一跳变,不存在直流分量,因此具有自同步能力和良好的抗干扰性能。

比特位的值是由该比特长度的半个比特周期内电平的变化(上升或下降)来表示的,在半个比特周期内的负跳变表示二进制码"1",在半个比特周期内的正跳变表示二进制码"0",如图 3-7 所示。

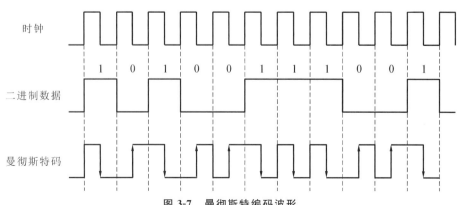

图 3-7 曼彻斯特编码波形

曼彻斯特编码的特点具体如下。

曼彻斯特编码在采用负载波的负载调制或者反向散射调制时，通常从电子标签到读写器来进行数据传输，因为这有利于发现数据传输的错误。这是因为在比特长度内，"没有变化"的状态是不允许的。

当多个标签同时发送的数据位有不同值时，则接收的上升沿和下降沿互相抵消，导致在整个比特长度内是不间断的负载波信号，由于该状态不允许，所以读写器利用该错误就可以判定碰撞发生的具体位置。

曼彻斯特编码由于跳变都发生在每一个码元中间，接收端可以方便地利用它作为同步时钟。

> 注：在第 4 章，ISO14443 TYPE A 协议中电子标签向阅读器传递数据时采用的就是曼彻斯特编码。ISO18000-6 TYPE B 读写器向电子标签传递数据时采用的也是曼彻斯特编码。

3. 单极性归零编码

当发码 1 时发出正电流，但正电流持续的时间短于一个码元的时间宽度，即发出一个窄脉冲。当发码 0 时，完全不发送电流。如图 3-8 所示。单极性归零编码可用来提取位同步信号。

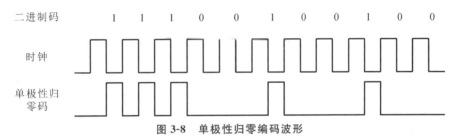

图 3-8 单极性归零编码波形

4. 差动双相编码

差动双相编码在半个比特周期中的任意的边沿表示二进制码"0"，而没有边沿就表示二进制码"1"，如图 3-9 所示。此外在每个比特周期开始时，电平都要反相。因此，对于接收器来说，位节拍比较容易重建。

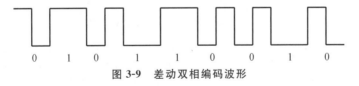

图 3-9 差动双相编码波形

5. 米勒编码

米勒编码在半个比特周期内的任意边沿表示二进制码"1"，而经过下一个比特周期中不变的电平表示二进制码"0"。一连串的比特周期开始时产生电平交变，如图 3-10 所示，因此，对于接收器来说，位节拍也比较容易重建。

表 3-1 所示为米勒编码规则。

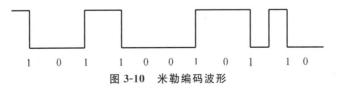

图 3-10 米勒编码波形

表 3-1 米勒编码规则

bit(i-1)	bit i	米勒码的编码规则
	1	bit i 的起始位置不变化,中间位置跳变
0	0	bit i 的起始位置跳变,中间位置不跳变
1	0	bit i 的起始位置不变化,中间位置不跳变

6. 修正米勒码

TYPE A 中定义了如下三种时序：

(1)时序 X：该时序将在 64/fc 处产生一个"pause"(凹槽)；

(2)时序 Y：该时序在整个位期间(128/fc)不发生调制；

(3)时序 Z：这种时序在位期间的开始时,产生一个"pause"。

在上述时序说明中,fc 为载波 13.56 MHz,pause 凹槽脉冲的底宽为 $0.5 \sim 3.0~\mu s$,90%幅宽不大于 $4.5~\mu s$。用这三种时序即可对帧进行编码,即修正的米勒码。其编码器原理框图如图 3-11 所示。

逻辑"1"选择时序 X；逻辑"0"选择时序 Y。但有两种情况除外,第一种是在相邻有两个或更多的"0"时,此时应从第二个"0"开始采用时序 Z；第二种是在直接与起始位相连的所有位为"0"时,此时应当用时序 Z 表示。

另外,通信开始时,用时序 Z 表示。通信结束则用逻辑"0"加时序 Y 表示。无信息时,通常应用至少两个时序 Y 来表示。图 3-12 所示为米勒码的实现和时序图。

注：在 ISO/IEC 14443 标准(近耦合非接触式 IC 卡标准)中,TYPE A 中阅读器向电子标签传递数据时就是采用的修正米勒码对载波进行调制。

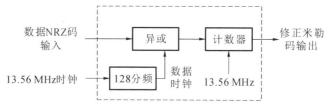

图 3-11 修正米勒码编码器原理框图

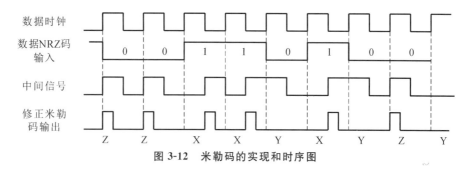

图 3-12 米勒码的实现和时序图

注：由于负脉冲的时间很短,可以保证在数据传输的过程中从高频场中连续给电子标签提供能量。变形米勒编码在电感耦合的射频识别系统中用于从读写器到电子标签的数据传输。

7. FM0 编码

FM0(bi-phase Space)编码的全称为双相间隔码编码,工作原理是在一个位窗内采用电平变化来表示逻辑。如果电平从位窗的起始处翻转,则表示逻辑"1"。如果电平除了在位窗的起始处翻转,还在位窗中间翻转则表示逻辑"0"。一个位窗的持续时间是 $25\ \mu s$。

> 注:ISO18000-6 typeA 由标签向阅读器的数据发送采用 FM0 编码。

8. PIE 编码

PIE(pulse interval encoding)编码的全称为脉冲宽度编码,原理是通过定义脉冲下降沿之间的不同时间宽度来表示数据。它是读写器向电子标签传送数据的编码方式。

在该标准的规定中,由阅读器发往标签的数据帧由 SOF(帧开始信号)、EOF(帧结束信号)、数据 0 和 1 组成。在标准中定义了一个名称为"tari"的时间间隔,也称为基准时间间隔,该时间段为相邻两个脉冲下降沿的时间宽度,持续时间为 $25\ \mu s$。

PIE 编码是"0"与"1"有不同时间间隔的一种编码方式,其基于一个持续的固定间隔的脉冲,脉冲的重复周期根据"0"与"1"而不同。通常情况下,每个二进制码的持续时间间隔是一个时钟周期的整数倍。

> 注:ISO18000-6 typeA 由阅读器向标签的数据发送采用 PIE 编码。

3.2.2 选择编码方法的考虑因素

1. 编码方式的选择要考虑电子标签能量的来源

在 RFID 系统中使用的电子标签常常是无源的,而无源标签需要在读写器的通信过程中获得自身的能量供应。为了保证系统的正常工作,信道编码方式必须保证不能中断读写器对电子标签的能量供应。

在 RFID 系统中,当电子标签是无源标签时,经常要求基带编码在每两个相邻数据位元间具有跳变的特点,这种相邻数据间有跳变的码,不仅可以保证在连续出现"0"时对电子标签的能量供应,而且便于电子标签从接收到的码中提取时钟信息。

2. 编码方式的选择要考虑电子标签的检错能力

出于保障系统可靠工作的需要,还必须在编码中提供数据一级的校验保护,编码方式应该提供这种功能。可以根据码型的变化来判断是否发生误码或有电子标签冲突发生。

在实际的数据传输时,由于信道中存在干扰,数据必然会在传输过程中发生错误,这时要求信道编码能够提供一定程度的检测错误的能力。

曼彻斯特编码、差动双相编码、单极性归零编码具有较强的编码检错能力。

3. 编码方式的选择要考虑电子标签时钟的提取

在电子标签芯片中,一般不会有时钟电路,电子标签芯片一般需要在读写器发来的码流中提取时钟。曼彻斯特编码、米勒编码、差动双相编码容易使电子标签提取时钟。

3.3 RFID 的调制和解调

1. 调制和解调的作用

通常基带信号具有较低的频率分量,不宜通过无线信道传输。因此,在通信系统的发送端需要有一个载波来运载基带信号。在接收端则需要有解调过程,将已调信号中的原始基带信号恢复出来。

调制主要有如下几个作用。

1) 频率搬移

调制把基带信号频谱搬移到一定的频率范围,以适应信道传输要求。

2) 实现信道复用

一般每个被传输信号占用的带宽小于信道带宽,因此,一个信道只传一个信号是很浪费的,此时信道工作在远小于其传输信息容量的情况下。然而通过调制,使各个信号的频谱搬移到指定的位置,即可实现在一个信道里同时传输多个信号。

3) 工作频率越高带宽越大

根据信息论一般原理可知,宽带通信系统一般表现出较好的抗干扰性能。将信号变换,使它占据较大的带宽,它将具有较强的抗干扰性。

4) 工作频率越高天线尺寸越小

由于工作频率与波长成反比,因此提高工作频率可以降低波长,进而减小天线的尺寸,迎合现代通信对尺寸小型化的要求。

2. 调制的分类

RFID 系统通常采用数字调制方式传送信息,用数字调制信号(包括数字基带信号和已调脉冲)对高频载波进行调制。已调脉冲包括 NRZ 码的 FSK、PSK 调制波和副载波调制信号,数字基带信号包括曼彻斯特码、米勒码、修正米勒码信号等,这些信号包含了要传送的信息。

数字调制方式有振幅键控(ASK)方式、频移键控(FSK)方式和相移键控(PSK)方式。RFID 系统中采用较多的是 ASK 调制方式。

ASK 调制的时域波形参见图 3-13,但不同的是,图中的包络是周期脉冲波,而 ASK 调制的包络波形是数字基带信号和已调脉冲。

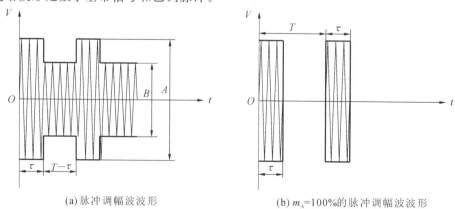

(a) 脉冲调幅波波形　　　　　(b) $m_A=100\%$ 的脉冲调幅波波形

图 3-13 ASK 调制波形参考图

调制信号有模拟信号和数字信号之分,因此根据输入调制信号的不同,调制可以分为模拟调制和数字调制。

(1) 模拟调制是指输入调制信号为幅度连续变化的模拟量。

(2) 数字调制是指输入调制信号为幅度离散的数字量。

载波的参数有幅度、频率和相位,因此根据载波的参数变化不同,调制可以分为幅度调制、频率调制和相位调制。

(1) 幅度调制是指载波信号的振幅参数随调制信号的大小而变化。

(2) 频率调制是指载波信号的频率参数随调制信号的大小而变化。

(3) 相位调制是指载波信号的相位参数随调制信号的大小而变化。

3. 数字调制的种类

用二进制(多进制)数字信号作为调制信号,去控制载波某些参量的变化,这种把基带数字信号变换成频带数字信号的过程称为数字调制,反之,称为数字解调。

RFID 系统通常采用数字调制方式传送消息,调制信号(包括数字基带信号和已调脉冲)对正弦载波进行调制。在 RFID 系统中,正弦载波除了是信息的载体外,在无源电子标签中还具有提供能量的作用。

通过开关键控载波,通常称为键控法。基本键控方式有:振幅键控(ASK)、频移键控(FSK)、相移键控(PSK)。其中,ASK 属于线性调制,FSK、PSK 属于非线性调制。

3.3.1 振幅键控(ASK)

"移幅键控"又称"振幅键控"(amplitude shift keying),记为 ASK,是调制技术的一种方式。用二进制数字信息进行键控,称为二进制振幅键控,用 2ASK 表示。在图 3-14 中,$s(t)$ 为基带矩形脉冲,一般载波信号用余弦信号,而调制信号是把数字序列转换成单极性的基带矩形脉冲序列,而这个通断键控的作用就是把这个输出与载波相乘,就可以把频谱搬移到载波频率附近,实现 2ASK。实现后的 2ASK 信号波形如图 3-14 所示。

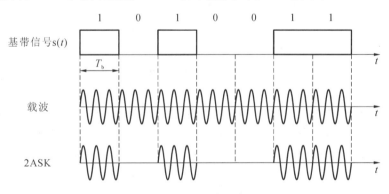

图 3-14 2ASK 信号波形

3.3.2 ASK 调制方式的实现

1. 副载波负载调制

首先用基带编码的数据信号调制低频率的副载波,可以选择振幅键控(ASK)、频移键控(FSK)或相移键控(PSK)调制作为副载波调制的方法。副载波的频率是通过对高频载波频率进行二进制分频产生的。然后用经过编码调制的副载波信号控制应答器线圈并接负载电阻的接通和断开,即采用经过编码调制的副载波进行负载调制,以双重调制方式传送编码信息。

使用这种传输方式可以降低误码率,减小干扰,但是硬件电路较负载调制系统复杂。在采用副载波进行负载调制时,需要经过多重调制,在阅读器中,同样需要进行逐步多重解调,这样系统的调制解调模块过于烦琐,并且用于分频的数字芯片对接收到的信号的电压幅度和频率范围要求苛刻,不易实现。

2. 负载调制

电感耦合系统,本质上来说是一种互感耦合,即作为初级线圈的阅读器和作为次级线圈的应答器之间的耦合。如果应答器的固有谐振频率与阅读器的发送频率相符合,则处于阅读器天线的交变磁场中的应答器就能从磁场获得最大能量。

同时,与应答器线圈并接的阻抗变化能通过互感作用对阅读器线圈造成反作用,从而引起阅读器线圈回路变换阻抗 Z_T 的变化,即接通或关断应答器天线线圈处的负载电阻会引起阻抗 Z_T 的变化,从而造成阅读器天线的电压变化。如图 3-15 所示。

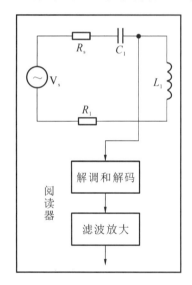
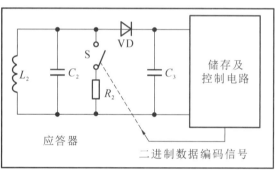

图 3-15 负载调制原理

根据这一原理,在应答器中以二进制编码信号控制开关 S,即通过编码数据控制应答器线圈并接负载电阻的接通和断开,使这些数据以调幅的方式从应答器传输到阅读器,这就是负载调制。在阅读器端,对阅读器天线上的电压信号进行包络检波,并放大整形得到所需的逻辑电平,实现数据的解调回收。如图 3-16 所示。电感耦合式射频识别系统的负载调制有着与阅读器天线高频电压的振幅键控(ASK)调制相似的效果。

图 3-15 中的负载调制方式称为电阻负载调制,其实质是一种振幅调制,调节接入电阻 R_2 的大小可改变调制度的大小。

3.3.3 频移键控(FSK)

FSK 是用不同频率的载波来传递数字信息的。二进制移频键控(2FSK)用二进制的数字信号去控制发送不同频率的载波。即传"1"信号时,发送频率为 f_1 的载波;传"0"信号时,发送频率为 f_2 的载波。就是利用两个不同频率 f_1 和 f_2 的振荡源来代表信号 1 和 0。用数字信号的 1 和 0 去控制两个独立的振荡源交替输出。2ASK 波形如图 3-17 所示,该技术抗

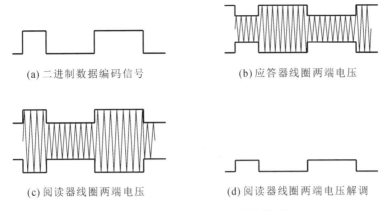

图 3-16 负载调制实现数据传输的过程

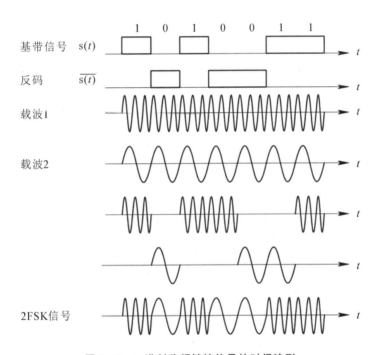

图 3-17 二进制移频键控信号的时间波形

干扰性能好，但占用带宽较大。

3.3.4 二进制相移键控(2PSK)

在 2PSK 中，通常用初始相位 0 和 π 分别表示二进制码"1"和"0"。

用 180° 相移表示 1，用 0° 相移表示 0。这种调制技术抗干扰性能最好，且相位的变化也可以作为定时信息来同步发送机和接收机的时钟，并对传输速率起到加倍的作用。由于两种码元的波形相同，极性相反，故 2PSK 信号可以表述为一个双极性全占空矩形脉冲序列与一个正弦载波的相乘。

2PSK 信号的典型波形如图 3-18 所示。

3.3.5 副载波调制与解调

副载波(subcarrier)是一种电子通信信号载波，它携带在另一载波的上端，从而使两个

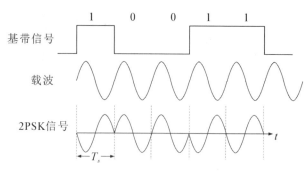

图 3-18　2PSK 信号波形

信号能够同时有效传播。

在 RFID 系统中,副载波的调制方法主要应用于频率为 13.56 MHz 的 RFID 系统,而且仅是在从电子标签向阅读器的数据传输时采用。

对 13.56 MHz 的 RFID 系统,大多数使用的副载波频率为 847 kHz(对 13.56 MHz 进行 16 分频)、424 kHz(对 13.56 MHz 进行 32 分频)和 212 kHz(对 13.56 MHz 进行 64 分频)。

应答器将基带编码调制到低频率的副载波频率上,最后再采用 ASK、FSK 或 PSK 对副载波进行二次调制。如图 3-19 所示。

好处:①采用副载波信号进行负载调制时,调制管每次导通时间较短,对阅读器的电源影响小,另由于调制管的总导通时间减小,降低了总功耗。②有用信息的频谱分布在副载波附近而不是载波附近,便于阅读器对传送数据信息进行提取,但射频耦合回路应用于较宽的频带。

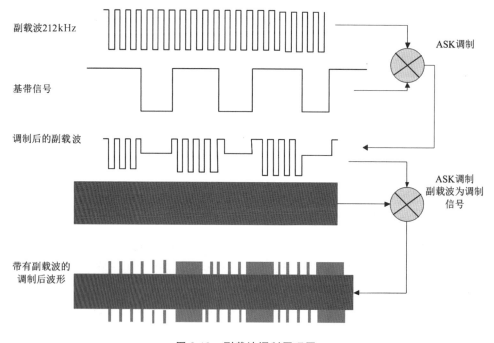

图 3-19　副载波调制原理图

用于动物识别的代码结构和技术准则 ISO 11784 和 ISO 11785 应答器采用 FSK 调制,

NRZ 编码 ISO14443 从阅读器向标签传送信号时，TYPE A 采用改进的 Miller 编码方式，调制深度为 100% 的 ASK 信号；TYPE B 则采用 NRZ 编码方式，调制深度为 10% 的 ASK 信号。

从标签向阅读器传送信号时，两者均通过调制载波传送信号，副载波频率皆为 847 kHz。TYPE A 采用开关键控(on-off keying)的 Manchester 编码；TYPE B 采用 NRZ-L 的 BPSK 编码。

ISO 15693 标准规定的载波频率也为 13.56 MHz，阅读器和标签全部都用 ASK 方式调制，调制深度分别为 10% 和 100%。

3.4 RFID 中的数据安全

RFID 系统是一个开放的无线系统，数据传输的完整性存在以下两个方面的问题。

(1) 外界的各种干扰可能使数据传输产生错误。

(2) 多个应答器同时占用信道使发送数据产生冲撞。

1. RFID 系统的安全

随着 RFID 技术应用的不断普及，目前在供应链中 RFID 已经得到了广泛应用。由于信息安全问题的存在，RFID 应用尚未普及到至为重要的关键任务中。没有可靠的信息安全机制，就无法有效保护整个 RFID 系统中的数据信息，如果信息被窃取或者被恶意更改，将会给使用 RFID 技术的企业、个人和政府机关带来无法估量的损失。特别是对于没有可靠安全机制的电子标签，会被邻近的读写器泄露敏感信息，存在被干扰、被跟踪等安全隐患。

由于目前 RFID 的主要应用领域对隐私性要求不高，对于安全、隐私问题的注意力太少，很多用户对 RFID 的安全问题尚处于比较漠视的阶段。到目前为止，企业和供应商已经意识到了安全问题，像 RFID 这种应用面很广的技术，安全做不到保障就具有巨大的潜在破坏能力，如果不能很好地解决 RFID 系统的安全问题，随着物联网应用的扩展，未来遍布全球各地的 RFID 系统安全可能会像现在的网络安全难题一样考验人们的智慧。

2. RFID 系统面临的安全攻击

目前，RFID 安全问题主要集中在对个人用户信息的隐私保护、对企业用户的商业秘密保护、防范对 RFID 系统的攻击以及利用 RFID 技术进行安全防范等方面。

RFID 系统中的安全问题在很多方面与计算机体系和网络中的安全问题类似。从根本上说，这两类系统的目的都是为了保护存储的数据及在系统的不同组件之间互相传送的数据。然而，由于以下两点原因，处理 RFID 系统中的安全问题更具有挑战性。首先，RFID 系统中的传输是基于无线通信方式，使得传送的数据容易被"偷听"；其次，在 RFID 系统中，特别是在电子标签上，计算能力和可编程能力都被标签本身的成本要求所约束，更准确地讲，在一个特定的应用中，标签的成本越低，它的计算能力也就越弱，可防止安全被威胁的可编程能力也越弱。下面我们将讨论 RFID 系统面临的主要入侵，提供获取安全破坏风险的手段，并且给出一些防护措施，同时探讨所存在的挑战和限制。一般来讲，常见的安全攻击有以下四种类型。

1) 电子标签数据的获取攻击

每个电子标签通常都包含一个集成电路，其本质是一个带内存的微芯片。电子标签上数据的安全和计算机中数据的安全都同样会受到威胁。当未授权方进入一个授权的读写器时仍然设置一个读写器与某一特定的电子标签通信，电子标签的数据就会受到攻击。在这种情况下，未经授权使用者可以像一个合法的读写器一样去读取电子标签上的数据。在可写标签上,数据甚至可能被非法使用者修改甚至删除。

2) 电子标签和读写器之间的通信侵入

当电子标签向读写器传送数据,或者读写器从电子标签上查询数据时,数据是通过无线电波在空中传播的。在这个通信过程中,数据容易受到攻击,这类无线通信易受攻击的特性包括以下三个方面。

（1）非法读写器截获数据:非法读写器中途截取标签传输的数据。

（2）第三方堵塞数据传输:非法用户可以利用某种方式去阻塞数据和读写器之间的正常传输。最常用的方法是欺骗,通过很多假的标签响应让读写器不能区分出正确的标签响应,从而使读写器负载,制造电磁干扰,这种方法也叫作拒绝服务攻击。

（3）伪造标签发送数据:伪造的标签向读写器提供无用信息或者错误数据,可以有效地欺骗 RFID 系统接收、处理并且执行错误的电子标签数据。

3) 侵犯读写器内部的数据

当电子标签向读写器发送数据、清空数据或是将数据发送给主机系统之前,都会先将信息存储在内存中,并用它来实现一些功能。在这些处理过程中,读写器就像其他计算机一样存在传统的安全侵入问题。目前,市场上大部分读写器都是私有的,一般不提供相应的扩展接口让用户自行增强读写器的安全性。因此挑选可二次开发、具备可扩展开发接口的读写器将变得非常重要。

4) 主机系统侵入

电子标签传出的数据,经过读写器到达主机系统后,将面临现存主机系统的 RFID 数据安全侵入。这些侵入已超出这本书讨论的范围,有兴趣的读者可参考计算机或网络安全方面相关的文献资料。

3. RFID 系统的安全风险分类

RFID 数据安全可能遭受的风险取决于不同的应用类型。在此将 RFID 应用分为消费者应用和企业应用两类,并讨论每种类型的安全风险。

1) 消费者应用的风险

RFID 应用包括收集和管理有关消费者的数据,或者说消费者"被感知"。在消费者应用方面,安全性破坏风险不仅会对配置 RFID 系统的商家造成损害,也会对消费者造成损害。即使是在那些 RFID 系统没有直接收集或维护消费者数据的情况下,如果消费者携带具备电子标签的物体,也存在创建一个消费者和电子标签之间联系的可能性。由于这种关系承载消费者的私人数据,所以存在隐私方面的风险。例如,汽车的电子标签车钥匙并不包含车主的任何信息,但所有者仍然存在被跟踪的风险。

2) 企业应用的风险

企业 RFID 应用基于单个商务的内部数据或者很多商务数据的收集。典型的企业应用包括任意数量供应链管理的处理增强应用（例如:财产清单控制或后勤事务处理）,另外一个应用是工业自动化领域,RFID 系统可用来追踪工厂场地内的生产制造过程。这些安全隐患可能使商业交易和运行变得混乱,或危及公司的机密信息。

举例来说,计算机黑客可以通过欺诈和实施拒绝服务攻击来中断商业合作伙伴之间基于 RFID 技术的供应链处理。此外,商业竞争对于可以窃取机密的存货数据或者获取专门的工业自动化技术。其他情况下,黑客还可以获取并公开类似的企业机密数据,这将危及公司的竞争优势。如果几家企业共同使用一个 RFID 系统,即在供应商和生产商之间创建一个更有效的供应链,电子标签数据安全方面受到的破坏很可能对所有关联的商家都造成危害。

4. RFID 系统的安全缺陷

实际上,尽管与计算机和网络的安全问题类似,但 RFID 所面临的安全问题要严峻得多。这不仅仅表现在由于 RFID 产品的成本极大地限制了 RFID 的处理能力和安全加密措施,并且 RFID 技术本身就包含了比计算机和网络更多、更容易泄密的不安全因素。一般来说,RFID 在安全缺陷方面除了与计算机网络有相同之处外,还包括以下 3 种不同的安全缺陷类型。

1) 标签本身的访问缺陷

由于标签本身的成本所限,标签本身很难具备保证安全的能力。这样,就面临着许多问题。非法用户可以利用合法的读写器或者自构一个读写器与标签进行通信,很容易地就获取了标签内的所存数据。而对于读写式标签,还面临数据被改写的风险。

2) 通信链路上的安全问题

RFID 的数据通信链路是无线通信链路,与有线连接不同的是,无线传输的信号本身是开放的,这就给非法用户的侦听带来了方便。实现非法侦听的常用方法包括以下几种。

(1) 黑客非法截取通信数据。

(2) 业务拒绝式攻击,即非法用户通过发射干扰信号来堵塞通信链路,使得读写器过载,无法接收正常的标签数据。

(3) 利用冒名顶替的标签来向读写器发送数据,使得读写器处理的都是虚假数据,而真实的数据则被隐藏。

3) 读写器内部的安全风险

在读写器中,除了中间件被用来完成数据的传输选择、时间过滤和管理之外,只能提供用户业务接口,而不能提供让用户自行提升安全性能的接口。

由此可见,RFID 所遇到的安全问题,要比通常计算机网络的安全问题复杂得多,如何应对 RFID 的安全威胁,一直是尚待研究解决的焦点问题。虽然在 ISO 和 EPC Gen2 中都规定了严格的数据加密格式和用户定义位,RFID 技术也具有比较强大的安全信息处理能力,但仍然有一些人认为 RFID 的安全性非常糟糕。美国的密码学研究专家 Adi Shamir 表示,目前 RFID 毫无安全性可言,简直是畅通无阻。他声称已经破解了目前大多数主流电子标签的密码口令,并可以对目前几乎所有的 RFID 芯片进行无障碍攻击。当前,安全仍被认为是阻碍 RFID 技术推广的一个重要原因之一。

5. RFID 与通信网络融合

从通信产业的发展来看,对 RFID 应用需求的产生直接源于通信技术的发展,以及设备与设备之间的通信市场的开拓。通信技术在走向下一代的进程中已呈现出 IP 化、光纤化、无线化和智能化的技术发展趋势。技术发展的直接结果是构建一个结构更加复杂和功能更加强大的通信系统。

除了传统的人与人之间的通信外,设备与设备之间的通信业务(M2M)将得到迅速发展,而 RFID 在其中会扮演关键的角色,因为 RFID 所具有的"标记""地址号码"和"传感功能"能够解决 M2M 业务中的很多实际问题。因为物品本身并不具备感知的功能,如果利用 RFID 技术,人就可以通过 RFID 了解设备或物品所处的外界环境,从而对设备或物品实现监控、测量和数据读取、状态监测和远程管理控制等诸多业务。

处理 RFID 的安全问题,要比处理计算机系统的网络安全问题更具有挑战性。因为有以下两点原因：第一，RFID系统的数据传输是无线的，更容易被窃听；第二，标签因为成本低，其计算能力也就不可能很高，故其数据安全就没有保障。

安全隐患有以下几种：

（1）电子标签数据被窃取；

（2）标签与读写器之间的通信被入侵；

（3）读写器内部数据被窃取；

（4）主机系统被入侵。

6. 差错控制方法

差错控制是指在数据通信过程中能发现或纠正差错，把差错限制在尽可能小的允许范围内的技术和方法。

1）差错的控制方法

最常用的差错控制方法是差错控制编码。数据信息位在向信道发送之前，先按照某种关系附加上一定的冗余位，构成一个码字后再发送，这个过程称为差错控制编码过程。接收端收到该码字后，检查信息位和附加的冗余位之间的关系，以检查传输过程中是否有差错发生，这个过程称为检验过程。

差错控制编码可分为检错码和纠错码。

（1）检错码——能自动发现差错的编码。

（2）纠错码——不仅能发现差错而且能自动纠正差错的编码。

差错控制方法分两类，一类是自动请求重发ARQ，另一类是前向纠错FEC。

在ARQ方式中，当接收端发现差错时，就设法通知发送端重发，直到收到正确的码字为止。ARQ方式只使用检错码。

在FEC方式中，接收端不但能发现差错，而且能确定二进制码元发生错误的位置，从而加以纠正。FEC方式必须使用纠错码。

2）编码效率

衡量编码性能好坏的一个重要参数是编码效率R，它是码字中信息位所占的比例。编码效率越高，即R越大，信道中用来传送信息码元的有效利用率就越高。编码效率计算公式为：

$$R = k/n = k/(k+r)$$

式中：k为码字中的信息位位数；

r为编码时外加冗余位位数；

n为编码后的码字长度。

3.5 数据校验方法

3.5.1 奇偶校验码

奇偶校验码是一种增加二进制传输系统最小距离的简单和广泛采用的方法，是一种通过增加冗余位使得码字中"1"的个数恒为奇数或偶数的编码方法，它是一种检错码。在实际使用时又可分为垂直奇偶校验、水平奇偶校验和水平垂直奇偶校验等几种。

1. 垂直奇偶校验法

垂直奇偶校验又称为纵向奇偶校验，它是将要发送的整个信息块分为定长p位的若干段（比如说q段），每段后面按"1"的个数为奇数或偶数的规律加上一位奇偶位，如图3-20所示。

1) 编码规则

偶校验：$\quad r_i = I_{i1} + I_{2i} + \cdots + I_{pi} \quad (i=1,2,\cdots,q)$

奇校验：$\quad r_i = I_{i1} + I_{2i} + \cdots + I_{pi} + 1 \quad (i=1,2,\cdots,q)$

式中：p 为码字的位数；

$\quad\quad\;\; q$ 为码字的个数。

2) 特点

垂直奇偶校验能检测出每列中所有的奇数位错，但检测不出偶数位错。因而对差错的漏检率接近 $1/2$。

$$\left.\begin{array}{cccc} I_{11} & I_{12} & \cdots & I_{1q} \\ I_{21} & I_{22} & \cdots & I_{2q} \\ \vdots & \vdots & \vdots & \vdots \\ I_{p1} & I_{p2} & \cdots & I_{pq} \end{array}\right\}\text{信息位}$$

$$\begin{array}{cccc} r_1 & r_2 & \cdots & r_p \end{array} \longrightarrow \text{冗余位}$$

图 3-20　垂直奇偶校验码

2. 水平奇偶校验

为了降低对突发错误的漏检率，可以采用水平奇偶校验方法。水平奇偶校验又称为横向奇偶校验，它是对各个信息段的相应位横向进行编码，产生一个奇偶校验冗余位，如图 3-21 所示。

$$\underbrace{\begin{array}{cccc} I_{11} & I_{12} & \cdots & I_{1q} \\ I_{21} & I_{22} & \cdots & I_{2q} \\ \vdots & \vdots & \vdots & \vdots \\ I_{p1} & I_{p2} & \cdots & I_{pq} \end{array}}_{\text{信息位}} \quad \underbrace{\begin{array}{c} r_1 \\ r_2 \\ \vdots \\ r_p \end{array}}_{\text{冗余位}}$$

图 3-21　水平奇偶校验码

水平奇偶校验不但可以检测出各段同一位上的奇数位错，而且还能检测出突发长度 $\leqq p$ 的所有突发错误，因为按发送顺序从图 3-20 中可见，突发长度 $\leqq p$ 的突发错误必然分布在不同的行中，且每行一位，所以可以检查出差错，它的漏检率比垂直奇偶校验方法低。但是实现水平奇偶校验码时，不论是采用硬件还是软件方法，都不能在发送过程中边产生奇偶校验冗余位边插入发送，而必须等待要发送的全部信息块到齐后，才能计算冗余位，也就是一定要使用数据缓冲器，因此它的编码和检测实现起来都要复杂一些。其编码规则如下：

偶校验：$\quad r_i = I_{i1} + I_{i2} + \cdots + I_{ip} \quad (i=1,2,\cdots,q)$

奇校验：$\quad r_i = I_{i1} + I_{i2} + \cdots + I_{ip} + 1 \quad (i=1,2,\cdots,q)$

3.5.2　CRC 校验

CRC 码(循环冗余码)是数据通信领域中最常用的一种查错校验码，特点是信息字段和校验字段的长度可以任意选定。CRC 码是一种数据传输检错功能码，对数据进行多项式计算，并将得到的结果附在帧的后面，接收设备也执行类似的算法，以保证数据传输的正确性和完整性。CRC 码(循环冗余码)具有较强的纠错能力，且硬件实现简单，因而被广泛应用。

CRC 码是基于多项式的编码技术。在多项式编码中,将信息位串看成是阶次从 X^{k-1} 到 X^0 的信息多项式 $M(X)$ 的系数序列,多项式 $M(X)$ 的阶次为 $k-1$。在计算 CRC 码时,发送方和接收方必须采用一个共同的生成多项式 $G(X)$,$G(X)$ 的阶次应低于 $M(X)$,且最高和最低阶的系数为 1。在 k 位信息码后再拼接 R 位的校验码,整个编码长度为 N 位,因此,这种编码也叫(N,K)码。

例如:信息码 1010111 对应的多项式为 $X^6+X^4+X^2+X+1$,而多项式为 $X^5+X^3+X^2+X+1$ 对应的代码为 101111。

在此基础上,CRC 码的算法步骤如下。

(1) 将 k 位信息写成 $k-1$ 阶多项式 $M(X)$。

(2) 设生成的多项式 $G(X)$ 的阶为 r。

(3) 用模 2 除法计算 $X^r M(X) G(X)$,获得余数多项式 $R(X)$。

(4) 用模 2 减法求得传送多项式 $T(X)$,$T(X) = X^r M(X) - R(X)$,则 $T(X)$ 多项式系数序列的前 k 位为信息位,后 r 位为校验位,总位数 $n = k + r$。

例如:信息位串为 1111 0111,生成多项式 $G(X)$ 的系数序列为 1 0011,阶 r 为 4,进行模 2 除法后,得到余数多项式 $R(X)$ 的系数序列为 1111,所以传送多项式 $T(X)$ 的系数序列为 1111 0111 1111,前 8 位为信息位,后 4 位为监督校验位。计算过程如图 3-22 所示。

例子:假设使用的生成多项式是 $G(X)=X^3+X+1$。4 位的信息码为 1010,求编码后的数据帧。编码过程如下。

(1) 将生成多项式 $G(X)=X^3+X+1$ 转换成对应的二进制除数 1011。

(2) 生成多项式有 4 位($R+1$)(注意:4 位的生成多项式计算所得的校验码为 3 位,R 为校验码位数),要把原始信息码 $M(X)$ 左移 3(R)位变成 1010 000。

(3) 用生成多项式对应的二进制数(1011)对左移 3 位后的原始信息码(1010 000)进行模 2 除(高位对齐),相当于按位异或。

```
              1 0 0 1
      ┌─────────────────
1 0 1 1 │ 1 0 1 0 0 0 0
          1 0 1 1           XOR
          ─────────
            1 0 0 0
            1 0 1 1         XOR
            ─────────
              0 1 1         余数
```

图 3-22 CRC 码计算示例

(4) 得到余数 011,所以最终编码为:1010 011。

CRC 校验的优点是识别错误的可靠性较好,且只需要少量的操作就可以实现。16 位的 CRC 码可适用于校验 4KB 长数据帧的数据完整性,而在 RFID 系统中,传输的数据帧明显比 4KB 短,因此,除了 16 位的 CRC 码外,还可以使用 12 位(甚至 5 位)的 CRC 码。

国际标准有三个生成多项式,具体如下:

CRC-12:$G(X) = X^{12} + X^{11} + X^3 + X^2 + X + 1$

CRC-16:$G(X) = X^{16} + X^{15} + X^2 + 1$

CRC-CCITT:$G(X) = X^{16} + X^{12} + X^5 + X^2 + 1$

在 RFID 标准 ISO/IEC 14443 中,采用 CRC-CCITT 生成多项式。

课 后 习 题

1. RFID 通信系统的模型是什么？简述这个模型的组成。
2. RFID 系统中常用的编码方式有哪些？
3. 画出数字数据 101100101 的单极性归零编码。
4. 曼彻斯特码的编码原理和特点是什么？试画出 100110111 的曼彻斯特码波形。
5. RFID 系统常用的调制方式有哪些？
6. 什么是副载波调制？副载波调制有什么优点？
7. 若对下列数字采用垂直奇偶校验法，则最后一行的监督码元是什么？

位/数字	0	1	2	3	4	5	6	7	8	9
C1	0	1	0	1	0	1	0	1	0	1
C2	0	0	1	1	0	0	1	1	0	0
C3	0	0	0	0	1	1	1	1	0	0
C4	0	0	0	0	0	0	0	0	1	1
C5	1	1	1	1	1	1	1	1	1	1
C6	1	1	1	1	1	1	1	1	1	1
C7	0	0	0	0	0	0	0	0	0	0
奇校验										

8. 已知信息位串为 1111 0111，生成多项式 $G(X)$ 的系数序列为 1 0011，利用 CRC 校验码求编码后的数据帧。

第4章 RFID 的标准与协议

目前 RFID 技术应用已经形成了一个完整的产业链,所以标准体系的建设是产业链中必不可少的支撑环节,标准本身又涉及标签、标签读写设备、后台处理系统等内容,因此为了确保产业的健康、有序发展,标准先行显得尤为重要。现在全球主要存在 ISO/IEC、EPC 和 UID 三个 RFID 标准体系。这些标准组织在物联网总体架构、感知技术、通信网络技术、应用技术等方面制定了一系列标准。

4.1 RFID 的标准体系

RFID 的标准体系有国际标准、国家标准和行业标准。

国际标准:由 ISO(国际标准化组织)、IEC(国际电工委员会)负责制定。ISO 的主要功能是为人们制定国际标准达成一致意见提供一种机制。

国家标准:由工业与信息化部与国家标准化管理委员会负责制定。

行业标准:由国际、国家的行业组织制定,例如:国际物品编码协会(EAN)与美国统一代码委员会(UCC)制定的用于物体识别的 EPC 标准。

国际标准化组织 ISO、以美国为首的 EPCglobal、日本 UID 等标准化组织纷纷制定 RFID 相关标准,并在全球积极推广这些标准。以下简要介绍三个国际标准体系。

ISO 和 IEC 是 RFID 国际标准的主要制定机构,目前大部分 RFID 标准是由 ISO/IEC 组织下属的技术委员会(TC)或分委员会(SC)制定的。

4.1.1 ISO 制定的 RFID 标准体系

1995 年国际标准化组织 ISO/IEC 联合技术委员会 JTC l 设立了子委员会 SC31(以下简称 SC31),负责 RFID 标准化研究工作。SC31 委员会由来自各个国家的代表组成,如英国的 BSI IST34 委员、欧洲 CEN TC225 成员。他们既是各大公司内部咨询者,也是不同公司利益的代表者。因此在 ISO 标准化制定过程中,有企业、区域标准化组织和国家三个层次的利益代表者。

ISO/IEC 对各个频段的 RFID 都颁布了标准。ISO/IEC 已出台的 RFID 标准主要关注基本的模块构建、空中接口和涉及的数据结构以及它们的实施问题。具体可以分为技术标准、数据结构标准、性能标准及应用标准四个方面。这些标准如表 4-1 所示。

这些标准涉及 RFID 标签、空中接口、测试标准、读写器与到应用程序之间的数据协议,它们考虑的是所有应用领域的共性要求。

表 4-1 ISO/IEC 的 RFID 标准

分 类	标 准 号	说 明
空中接口标准	ISO/IEC 10536	密耦合非接触式 IC 卡标准
	ISO/IEC 14443	近耦合非接触式 IC 卡标准
	ISO/IEC 15693	疏耦合非接触式 IC 卡标准
	ISO/IEC 18000	基于货物管理的 RFID 空中接口参数
	ISO/IEC 18000−1	空中接口一般参数

续表

分 类	标 准 号	说 明
空中接口标准	ISO/IEC 18000-2	低于 135 kHz 频率的空中接口参数
	ISO/IEC 18000-3	13.56 MHz 频率下的空中接口参数
	ISO/IEC 18000-4	2.45 GHz 频率下的空中接口参数
	ISO/IEC 18000-6	860~930 MHz 的空中接口参数
	ISO/IEC 18000-7	433MHz 频率下的空中接口参数
数据标准	ISO/IEC 15424	数据载体/特征识别符
	ISO/IEC 15418	EAN、UCC 应用标识符及 ASC MH10 数据标识符
	ISO/IEC 15434	大容量 ADC 媒体用的传送语法
	ISO/IEC 15459	物品管理的唯一识别号(UID)
	ISO/IEC 15961	数据协议:应用接口
	ISO/IEC 15962	数据编码规则和逻辑存储功能的协议
	ISO/IEC 15963	射频标签(应答器)的唯一标识
测试标准	ISO/IEC 18046	RFID 设备性能测试方法
	ISO/IEC 18047	有源和无源的 RFID 设备一致性测试方法
	ISO/IEC 10373-6	按 ISO/IEC 14443 标准对非接触式 IC 卡进行测试的方法
应用标准	ISO/IEC 10374	货运集装箱标识标准
	ISO/IEC 18185	货运集装箱密封标准
	ISO/IEC 11784	动物 RFID 的代码结构
	ISO/IEC 11785	动物 RFID 的技术准则
	ISO/IEC 14223	动物追踪的直接识别数据获取标准
	ISO/IEC 17363 和 17364	一系列物流容量(如货盘、货箱、纸盒等)的识别规范

ISO 对于 RFID 的应用标准是由应用相关的子委员会制定。RFID 在物流供应链领域中的应用方面标准由 ISO TC 122/104 联合工作组负责制定,包括 ISO17358 应用要求、ISO 17363 货运集装箱、ISO 17364 装载单元、ISO 17365 运输单元、ISO 17366 产品包装、ISO 17367 产品标签。RFID 在动物追踪方面的标准由 ISO TC 23 SC19 来制定,包括 ISO 11784/11785 动物 RFID 畜牧业的应用,ISO 14223 动物 RFID 畜牧业的应用-高级标签的空中接口、协议定义。

从 ISO 制订的 RFID 标准内容来说,RFID 应用标准是在 RFID 编码、空中接口协议、读写器协议等基础标准之上,针对不同使用对象,确定了使用条件、标签尺寸、标签粘贴位置、数据内容格式、使用频段等方面特定应用要求的具体规范,同时也包括数据的完整性、人工识别等其他一些要求。通用标准提供了一个基本框架,应用标准是对它的补充和具体规定。这一标准制订思想,既保证了 RFID 技术具有互通与互操作性,又兼顾了应用领域的特点,能够很好地满足应用领域的具体要求。

4.1.2 EPCglobal 制定的 RFID 标准体系

与 ISO 通用性 RFID 标准相比,EPCglobal 标准体系是面向物流供应链领域,可以看成是一个应用标准。EPCglobal 的目标是解决供应链的透明性和追踪性,透明性和追踪性是指供应链各环节中所有合作伙伴都能够了解单件物品的相关信息,如位置、生产日期等信息。为此 EPCglobal 制定了 EPC 编码标准,它可以实现对所有物品提供单件唯一标识;也制定了空中接口协议、读写器协议。这些协议与 ISO 标准体系类似。在空中接口协议方面,目前 EPCglobal 的策略尽量与 ISO 兼容,如 C1Gen2 UHF RFID 标准递交 ISO 将成为 ISO 18000 6C 标准。但 EPCglobal 空中接口协议有它的局限范围,仅仅关注 UHF 860～930 MHz。

除了信息采集以外,EPCglobal 非常强调供应链各方之间的信息共享,为此制定了信息共享的物联网相关标准,包括 EPC 中间件规范、对象名解析服务 ONS(Object Naming Service)、物理标记语言 PML(PhysicalMarkup Language)。这样从信息的发布、信息资源的组织管理、信息服务的发现以及大量访问之间的协调等方面作出规定。

物联网标准是 EPCglobal 所特有的,ISO 仅仅考虑自动身份识别与数据采集的相关标准,数据采集以后如何处理、共享并没有作规定。物联网是未来的一个目标,"物联网"的信息量和信息访问规模大大超过普通的因特网。"物联网"系列标准是根据自身的特点参照因特网标准制订的。

4.1.3 日本 UID 制定的 RFID 标准体系

日本泛在中心制定 RFID 相关标准的思路类似于 EPCglobal,目标也是构建一个完整的标准体系,即从编码体系、空中接口协议到泛在网络体系结构,但是每一个部分的具体内容存在差异。

为了制定具有自主知识产权的 RFID 标准,在编码方面制定了 ucode 编码体系,它能够兼容日本已有的编码体系,同时也能兼容国际其他的编码体系。在空中接口方面积极参与 ISO 的标准制定工作,也尽量考虑与 ISO 相关标准兼容。在信息共享方面主要依赖于日本的泛在网络,它可以独立于因特网实现信息的共享。

泛在网络体系结构与 EPCglobal 的物联网还是有区别的。

EPC 采用业务链的方式,面向企业,面向产品信息的流动(物联网),比较强调与互联网的结合。UID 采用扁平式信息采集分析方式,强调信息的获取与分析,比较强调前端的微型化与集成。

4.1.4 三大标准体系空中接口协议的比较

目前,ISO/IEC 18000、EPCglobal、日本 UID 三个空中接口协议正在完善中。这三个标准相互之间并不兼容,主要差别在通讯方式、防冲突协议和数据格式这三个方面,在技术上差距其实并不大。

这三个标准都按照 RFID 的工作频率分为多个部分。在这些频段中,以 13.56 MHz 频段的产品最为成熟,处于 860～960 MHz 内的 UHF 频段的产品因为工作距离远且最可能成为全球通用的频段而最受重视,发展最快。

ISO/IEC 18000 标准是最早开始制定的关于 RFID 的国际标准,按频段被划分为 7 个部分。目前支持 ISO/IEC 18000 标准的 RFID 产品最多。EPCglobal 是由 UCC 和 EAN 两大组织联合成立、吸收了麻省理工 AutoID 中心的研究成果后推出的系列标准草案。EPCGlobal 最重视 UHF 频段的 RFID 产品,极力推广基于 EPC 编码标准的 RFID 产品。目前,EPC Global 标准的推广和发展十分迅速,许多大公司如沃尔玛等都是 EPC 标准的支持者。日本的泛在中心(Ubiquitous ID)一直致力于本国标准的 RFID 产品开发和推广,拒绝采用美国的 EPC 编码标准。与美国大力发展 UHF 频段 RFID 不同的是,日本对 2.4 GHz 微波频段的 RFID 似乎更加青睐,目前日本已经开始了许多 2.4 GHz RFID 产品的实验和推广工作。标准的制定面临越来越多的知识产权纠纷。不同的企业都想为自己的利益努力。同时,EPC 在努力成为 ISO 的标准,ISO 最终如何接受 EPC 的 RFID 标准,还有待观望。全球标准的不统一,硬件产品的兼容方面必然不理想,阻碍应用。

4.1.5 EPCglobal 与日本 UID 标准体系的主要区别

第一个区别是编码标准不同,EPCglobal 使用 EPC 编码,代码为 96 位。日本 UID 使用 uCode 编码,代码为 128 位。uCode 的不同之处在于能够继续使用在流通领域中常用的"JAN 代码"等现有的代码体系。uCode 使用泛在 ID 中心制定的标识符对代码种类进行识别。比如,希望在特定的企业和商品中使用 JAN 代码时,在 IC 标签代码中写入表示"正在使用 JAN 代码"的标识符即可。同样,在 uCode 中还可以使用 EPC。第二个区别是根据 IC 标签代码检索商品详细信息的功能。EPCglobal 中心的最大前提条件是经过网络,而泛在 ID 中心还设想了离线使用的标准功能。

Auto ID 中心和泛在 ID 中心在使用互联网进行信息检索的功能方面基本相同。泛在 ID 中心使用名为"读卡器"的装置,将所读取到的 ID 标签代码发送到数据检索系统中。数据检索系统通过互联网访问泛在 ID 中心的"地址解决服务器"来识别代码。如果是 JAN 代码,就会使用 JAN 代码开发商-流通系统开发中心的服务器信息,检索企业和商品的基本信息。然后再由符合条件的企业的商品信息服务器中得到生产地址和流通渠道等详细信息。

除此之外,泛在 ID 中心还设想了不通过互联网就能够检索商品详细信息的功能。具体来说就是利用具备便携信息终端(PDA)的高性能读卡器。预先把商品详细信息保存到读卡器中,即便不接入互联网,也能够了解与读卡器中 IC 标签代码相关的商品详细信息。泛在 ID 中心认为:"如果必须随时接入互联网才能得到相关信息,那么其方便性就会降低。如果最多只限定 2 万种药品等商品的话,将所需信息保存到 PDA 中就可以了。"

第三个区别是日本的电子标签采用的频段为 2.45 GHz 和 13.56 MHz。欧美的 EPC 标准采用 UHF 频段,例如 902 MHz-928 MHz。此外日本的电子标签标准可用于库存管理、信息发送和接收以及产品和零部件的跟踪管理等。EPC 标准侧重于物流管理、库存管理等。

4.2 RFID 协议分类

在物联网的物理层的通信协议主要包括近距离无线通信、远距离蜂窝通信、远距离非蜂窝通信和有线通信。RFID 是属于近距离无线通信的一种。RFID 的通信协议规范基本决定了 RFID 的工作类型,RFID 读写器和相应类型 RFID 标签之间的通讯规则,包括频率、调制、位编码及命令集。

1. ISO/IEC 18000-1/2/3/4/6/7 介绍

ISO/IEC 18000 是基于物品识别的国际协议标准,制定五种频段的接口协议,分别如下。

(1) ISO/IEC 18000-1:《信息技术-基于单品管理的射频识别-第 1 部分:参考结构和标准化的参数定义》。它规范空中接口通信协议中共同遵守的读写器与标签的通信参数表、知识产权基本规则等内容。这样每一个频段对应的标准不需要对相同内容进行重复规定。

(2) ISO/IEC 18000-2:《信息技术-基于单品管理的射频识别-第 2 部分:135 KHz 以下的空中接口通信用参数》。它规定在标签和读写器之间通信的物理接口,读写器应具有与

Type A(FDX)和 Type B(HDX)标签通信的能力；规定协议和指令再加上多标签通信的防碰撞方法。

（3）ISO/IEC 18000-3：《信息技术－基于单品管理的射频识别－第3部分：参数空中接口通信在13.56 MHz》。它规定读写器与标签之间的物理接口、协议和命令再加上防碰撞方法。关于防碰撞协议可以分为两种模式，而模式1又分为基本型与两种扩展型协议（无时隙无终止多应答器协议和时隙终止自适应轮询多应答器读取协议）。模式2采用时频复用 FTDMA 协议，共有8个信道，适用于标签数量较多的情形。

（4）ISO/IEC 18000-4《信息技术－基于单品管理的射频识别－第4部分：2.45 GHz空中接口通信用参数》。它规定读写器与标签之间的物理接口、协议和命令再加上防碰撞方法。该标准包括两种模式，模式1是无源标签工作方式是读写器先讲；模式2是有源标签，工作方式是标签先讲。

（5）ISO/IEC 18000-6：《信息技术－基于单品管理的射频识别－第6部分：860 MHz～960 MHz空中接口通信参数》。它规定读写器与标签之间的物理接口、协议和命令再加上防碰撞方法。它包含 TypeA、TypeB 和 TypeC 三种无源标签的接口协议，通信距离最远可以达到10 m。其中 TypeC 是由 EPCglobal 起草的，并于2006年7月获得批准，它在识别速度、读写速度、数据容量、防碰撞、信息安全、频段适应能力、抗干扰等方面有较大提高。2006年递交V4.0草案，它针对带辅助电源和传感器电子标签的特点进行扩展，包括标签数据存储方式和交互命令。带电池的主动式标签可以提供较大范围的读取能力和更强的通信可靠性，不过其尺寸较大，价格也更贵一些。

（6）ISO/IEC 18000-7：《信息技术－基于单品管理的射频识别－第7部分：433 MHz有源空中接口通信参数》。它规定读写器与标签之间的物理接口、协议和命令再加上防碰撞方法。有源标签识读范围大，适用于大型固定资产的跟踪。属于有源电子标签。

2. 常用的 RFID 协议介绍

还有3个常用的 RFID 协议。

（1）ISO/IEC 14443：《识别卡—无触点集成电路卡—邻近卡》。

国际标准 ISO 14443 定义了两种信号接口：TypeA 和 TypeB。ISO 14443A 和 B 互不兼容。

ISO 14443 TypeA：（也称 ISO 14443A）一般用于门禁卡、公交卡和小额储值消费卡等，具有较高的市场占有率。

举例如下：

① MIFARE Std 1k(MF1 IC S50)：国内常称 MF1 S50。主要应用在一卡通方面。内存1KB，有16个扇区，每个扇区有4个块，每个块16个字节。初始密码是12个F（国内兼容芯片有 FM11R08、ISSI4439、TKS50、BL75R06 等）。

② MIFARE Std 4k(MF1 IC S70)：国内常称为 MF1 S70。主要应用在一卡通方面。内存4KB，共40个扇区，前面32个扇区跟 S50 一样，每个扇区有4个块，后面8个扇区是16个块，每个块都是16个字节。初始密码是12个F（国内兼容芯片有 ISSI4469、FM11RF32 以及华大的 S70）。

③ Mifare DESFire 4k(MF3 IC D41/D40)：国内常称为 MF3。典型应用：南京地铁。

④ SHC1102：上海华虹生产。典型应用：上海一卡通。

ISO 14443 TypeB：由于加密系数比较高，更适合于 CPU 卡，一般用于身份证、护照、银联卡等，目前的第二代电子身份证采用的标准是 ISO 14443 TypeB 协议。

举例如下:

① SR176:瑞士意法半导体(ST)生产。

② SRIX4K:瑞士意法半导体(ST)生产。

③ THR1064:北京同方生产。典型应用:奥运门票。

④ AT88RF020:美国爱特梅尔(ATMIL)生产。典型应用:广州地铁卡。

⑤ 第二代居民身份证:上海华虹、北京同方 THR9904、天津大唐和北京华大生产。

(2) ISO/IEC 15693:《识别卡—无接触点集成电路卡—近距卡》。

ISO 14443A/B 的读写距离通常在 10 cm 以内,应用较广。但 ISO 15693 的读写距离可以达到 1 m,应用较灵活,与 ISO 18000-3 兼容(我国的国家标准很多与 ISO 18000 大部分兼容)。

举例如下:

① ICODE SLI(SL2ICS20):国内常称 ICODE 2(内存是 1Kbit),此型号常用。国内兼容有 BL75R05、FM1302N(另:ICODE SLI-S 内存是 2048bit,ICODE SLI-L 内存是 512bit,这两款芯片在国内不常用)。

② Tag-it HF-1 Plus:国内常称 Tl2048,美国德州仪器公司(简称 TI 公司)生产。

③ EM4135:瑞士 EM 生产。

④ BL75R04:上海贝岭生产以及 FM1302T(复旦生产),兼容 TI 公司的 Tag-it HF-1 Plus。

(3) ISO 18092:《信息技术系统间近距离无线通信及信息交换的接口和协议》。

该技术规范定义了两个 NFC 设备之间基于 13.56 MHz 频率的无线通信方式,在 NFC 的世界里没有读卡器,没有卡,只有 NFC 设备。该规范定义了 NFC 设备通讯的两种模式:主动模式和被动模式。并且分别定义了两种模式的选择和射频场防冲突方法、设备防冲突方法,定义了不同波特率通信速率下的编码方式、调制解调方式等等最最底层的通讯方式和协议,说白了就是解决了如何交换数据流的问题。该规范最终被提交到 ISO 标准组织获得批准成为正式的国际标准,这就是 ISO18092,后来增加了 ISO15693 的兼容,形成新的 NFC 国际标准 IP2,也就是 ISO21848。同时 ECMA(欧洲计算机制造协会)也颁布了针对 NFC 的标准,分别是 ECMA340 和 ECMA352,对应的是 ISO18092 和 ISO21848,其实两个标准内容大同小异,只是 ECMA 的是免费的。

3. ISO14443 和 ISO15693 的异同

ISO15693 标准的灵敏度是 ISO14443 的 10 倍,这应该是主要区别之一。也就是 15693 的距离更远一些,但是 14443 更成熟,加密性更好,用在保密性更好的地方,而 15693 是开放的。

具体来说,用于非接触式 IC 卡的协议标准 ISO14443 和 ISO15693 的异同具体如下。

(1) ISO 14443 和 ISO 15693 标准在 1995 年开始操作,单个系统于 1999 年进入市场,两项标准的完成则是在 2000 年之后。两者皆以 13.56 MHz 交变信号为载波频率。

(2) ISO14443 标准中的非接触式智能卡的类型可以分为 Type A 和 Type B(Type C—G 目前已经暂时被列入 ISO14443 标准之外,等到 5 年之后再行复议。)。通信速率为 106kbit/s,它们的不同主要在于载波的调制深度及位的编码方式。TYPE A 采用开关键控(On-Off keying)的 Manchester 编码,TYPE B 采用 NRZ-L(NRZ-L=Non-Return-to-Zero, for level 不归零)的 BPSK 编码。TYPE B 与 TYPE A 相比,具有传输能量不中断、速率更高、抗干扰能力列强的优点。RFID 的核心是防冲撞技术,这也是和接触式 IC 卡的主要区别。ISO 14443-3 规定了 TYPE A 和 TYPE B 的防冲撞机制。两者防冲撞机制的原理不同,前者是基于位冲撞检测协议,而 TYPE B 通信系列命令序列完成防冲撞。ISO 15693 采用轮寻机制、分时查询的方式完成防冲撞机制。防冲撞机制使得同时处于读写区内的多张卡的正确操作成为可能,既方便了操作,也提高了操作的速度。

(3) 14443 经过加密,还分 typeA 和 typeB 两种,typeA 主要有公交卡和小额储值卡,typeB 主要用于身份证、护照、银联卡等,这种的加密技术更高;15693 的不加密,主要用在防伪、强检、强项方面。

(4) ISO15693 读写距离较远(1 m 内),当然这也与应用系统的天线形状和发射功率有关;而 ISO 14443 读写距离稍近(10 cm 内),但应用较广泛。

(5) ISO15693 标准的灵敏度是 ISO14443 的 10 倍,这应该是主要区别之一。

4. NFC 和 RFID 的区别

NFC:近距离无线通信技术(近场通信),也是一种近距离秘密通讯方式,采用 NDEF(NFC data exchange format)进行数据传输。主要用途:就是用于小额支付,如公交刷卡等等,如果需要手机具备 NFC 功能,手机必须内置 NFC 芯片。它是由 RFID 技术演变而来,NFC 属于 RFID 范畴,但又与 RFID 有一些区别。

NFC 技术起源于 RFID,但是与 RFID 相比有一定的区别,主要包括以下内容。

1) 工作频率

NFC 的工作频率为 13.56 MHz,而 RFID 的工作频率有低频,高频(13.56 MHz)及超高频。

2) 工作距离

NFC 的工作距离理论上为 0~20 cm,但是在产品的实现上,由于采用了特殊功率抑制技术,使其工作距离只有 0~10 cm,从而更好地保证业务的安全性。由于 RFID 具有不同的频率,其工作距离在几厘米到几十米不等。

3) 工作模式

NFC 同时支持读写模式和卡模式。而在 RFID 中,读卡器和非接触卡是独立的两个实体,不能切换。

4) 点对点通信

NFC 支持 P2P 模式,RFID 不支持 P2P 模式。

5) 应用领域

RFID 更多的应用在生产,物流,跟踪和资产管理上,而 NFC 则工作在门禁,公交卡,手机支付等领域。

6) 标准协议

NFC 的底层通信协议兼容高频 RFID 的底层通信标准,即兼容 ISO14443/ISO15693 标准。NFC 技术还定义了比较完整的上层协议,如 LLCP,NDEF 和 RTD 等。

综上,尽管 NFC 和 RFID 技术有区别,但是 NFC 技术,尤其是底层的通信技术是完全兼容高频 RFID 技术的。因此在高频 RFID 的应用领域中,同样可以使用 NFC 技术。

RFID 现在用得比较广泛的是 14443 协议,即 13.56 mHZ 标准。

4.3 ISO/IEC 14443 协议

ISO/IEC 14443 标准 contactless card standards(非接触式 IC 卡标准)协议,是近耦合非接触式 IC 卡的国际标准,可用于身份证和各种智能卡、存储卡。ISO/IEC 14443 标准由四部分组成,包括物理特性,射频功率和信号接口,初始化和防冲突,传输协议。在 ISO/IEC 14443 标准中,电子标签和阅读器有专门术语。阅读器称为邻近耦合设备(proximity coupling device；PCD)，邻近卡(proximity card；PICC)称为近耦合 IC 卡或者应答器。下面就用 PCD 和 PICC 代替阅读器和电子标签。

4.3.1 ISO/IEC 14443-1

ISO/IEC 14443-1 部分是 ISO/IEC 14443 的物理特性。协议中对近耦合卡(PICC)做了相关规定，具体内容如下。

(1) PICC 的机械性能。

(2) PICC 尺寸如图 4-1 所示，应满足 ISO 7810 中的规范。

(3) 对 PICC 进行弯曲和扭曲实验及紫外线、X 射线和电磁射线的辐射实验的附加说明。

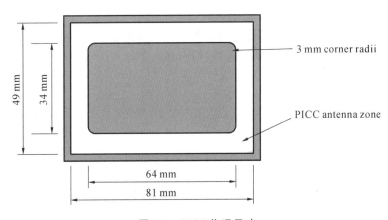

图 4-1　PICC 物理尺寸

4.3.2 ISO/IEC 14443-2

ISO/IEC 14443 第二部分主要规定了 ISO/IEC 14443 的射频能量和信号接口。

1. 射频能量

阅读器(PCD)产生耦合到应答器(PICC)的射频电磁场，用以传送能量。PICC 通过耦合获取能量，并转换成芯片工作直流电压。PCD 和 PICC 间通过调制与解调实现通信。

射频频率为 13.56 MHz，阅读器产生的磁场强度为 1.5～7.5 A/m(有效值)。若 PICC 的动作场强为 1.5 A/m，那么 PICC 在距离 PCD 为 10 cm 时能正常不间断地工作。

2. 信号接口

信号接口也称为空中接口。协议规定了两种信号接口：TYPE A 和 TYPE B。我国第二代身份证就是采用 TYPE B 型的应答器，但是 TYPE B 更多应用在特殊场合，通常需加密。相对而言，TYPE A 型应用更加广泛和简单。因此，本书仅详细介绍 TYPE A 型协议的相关内容，而对 TYPE B 型只作简要介绍。PICC 仅需采用两者之一的方式，但 PCD 最好对两者都能支持并可任意选择其中之一来适配 PICC。

1) TYPE A 型

PCD 向 PICC 通信：载波频率为 13.56 MHz，数据传输速率为 106 kb/s，采用修正密勒码的 100% ASK 调制。为保证对 PICC 的不间断能量供给，载波间隙的时间为 2～3 μs。

PICC 向 PCD 通信：以负载调制方式实现，用数据曼彻斯特码的副载波调制(ASK)信号进行负载调制。副载波频率为载波频率的 16 分频，即 847 kHz。

2) TYPE B 型

PCD 向 PICC 通信:数据传输速率为 106 kb/s,用数据的 NRZ 码对载波进行 ASK 调制,调制幅度为 10%(8%～14%)逻辑 1 时,载波高幅度(无调制);逻辑 0 时,载波低幅度。

PICC 向 PCD 通信:数据传输速率为 106 kb/s,用数据的 NRZ 码对副载波(847 kHz)进行 BPSK(二进制相移键控)调制,然后再用副载波调制信号进行负载调制实现通信。

4.3.3 ISO/IEC 14443-3

ISO/IEC 14443 第三部分提供了初始化与防冲突协议,TYPE A 和 TYPE B 两种不同的防碰撞协议。TYPE A 采用位检测防碰撞协议,TYPE B 通过一组命令来管理防碰撞过程,防碰撞方案为时隙基础。ISO/IEC 14443 包括的具体内容如下。

(1) PICC 进入 PCD 场的转换过程,即登记。

(2) 在 PCD 与 PICC 之间进行通信的初始化阶段用的字节格式、帧和时序。

(3) 初始化 REQ 和 ATQ(命令和应答)的内容。

(4) 多张卡中检出 1 张卡并与之通信的方法。

(5) PCD 与 PICC 进行初始化通信的其他参数。

(6) 加速从多卡中选出 1 张卡的可选方法。

1. 帧结构

TYPE A 的帧有三种类型:短帧、标准帧和面向比特的防碰撞帧。

ISO/IEC 14443 第三部分提供了 TYPE A 和 TYPE B 两种不同的防碰撞协议。TYPE A 采用位检测防碰撞协议,TYPE B 通过一组命令来管理防碰撞过程,防碰撞方案为时隙基础。

1) 短帧

短帧的结构由起始位 S、7 位数据位 b1～b7 和通信结束位 E 构成,其帧结构如图 4-2 所示。

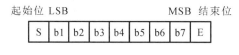

图 4-2 短帧

例如:REQA 帧和 WAKE-UP 帧,用于初始化通信的命令,包含:

(1) 通信起始位 S;

(2) 7 位数据,低位先发送;

(3) 通信结束位 E;

(4) 无奇偶校验位。

2) 标准帧

标准帧由起始位 S、n 个数据字节以及结束位 E 构成,每一个数据字节后面有一个奇校验位 P,其帧结构如图 4-3 所示。

图 4-3 标准帧

标准帧用于数据交换,其组成如下:

(1) 通信起始位 S;

(2) n(8 个数据位+奇校验位),其中 n≥1;

(3) 通信结束位 E。

3) 面向比特的防碰撞帧

当至少有两个 PICC 发出不同的比特位串到 PCD 时,就能检测到冲突。该帧仅用于防碰撞循环,它是由 7 个数据字节组成的标准帧。

防碰撞帧满足以下规则:

规则 1:数据位的总数为 56 位;

规则 2:第 1 部分的最小长度是 16 个数据位;

规则 3:第 1 部分的最大长度是 55 个数据位。

在防碰撞过程中,数据位被分裂为两部分:第 1 部分从 PCD 发送到 PICC;第 2 部分从 PICC 发送到 PCD。第 1 部分数据的最大长度为 55 位,最小长度为 16 位,第 1 部分和第 2 部分的总长度为 56 位。分为两种情况:

情况 1:完整字节,在一个完整的数据字节之后分开,在第 1 部分的最后一个数据位之后有一个校验位。

情况 2:分开的字节,在一个数据字节内分开,在第 1 部分的最后一个数据位之后不加校验位。

下面举例说明传输的防碰撞帧的流程。

传输帧结构格式如图 4-4 所示。

	SEL		NVB		UID0		UID1		UID2		UID3		BCC		
起始	93H	P	40H	P	32H	P	10H	P	ABH	P	CDH	P	44H	P	停止
S	11001001	1	00000010	0	01001100	0	00001000	0	11010101	0	10110011	0	00100010	1	E

图 4-4 传输帧结构格式

图 4-5 所示是其传输的流程图。

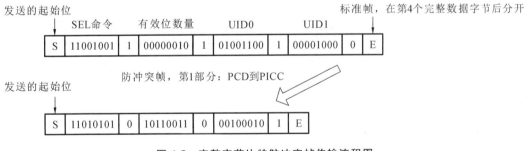

图 4-5 完整字节比特防冲突帧传输流程图

2. PICC 的工作状态

在 ISO/IEC 14443-3 标准中 PICC 有不同的状态,各状态之间又会受到不同操作或者数据的影响而进行互相转换。用流程图描述 TYPE A 型 PICC 的状态及转换,如图 4-6 所示。

(1) Power-off(断电)状态。任何情况下,PICC 离开 PCD 有效作用范围即进入 Power-off 状态。

(2) Idlc(休闲)状态。此时 PICC 加电,能对已调制信号进行解调,并可识别来自 PCD

的 REQA 命令。

(3) Ready(就绪)状态。在 REQA 或 WUPA 命令作用下 PICC 进入 Ready 状态,此时进入防碰撞流程。

(4) Active(激活)状态。在 SELECT 命令作用下 PICC 进入 Active 状态,完成本次应用应进行的操作。

(5) Halt(停止)状态。当在 HALT 命令或在支持 ISO/IEC 14443-4 标准的通信协议时,在高层命令 DESELECT 作用下 PICC 进入此状态。在 Halt 状态,PICC 接收到 WUPA (唤醒)命令后返回 Ready 状态。

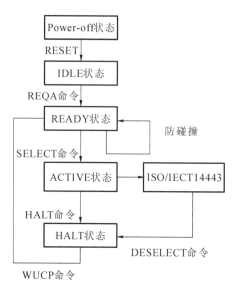

图 4-6　PICC 状态转换

3. 防碰撞流程

在 ISO/IEC 14443-3 标准中,TYPE A 采用位检测防碰撞协议来检测碰撞情况,需要有一系列的流程和相关命令。下面用流程图来描述 PCD 初始化和防碰撞流程,如图 4-7 所示。

(1) PCD 选定防碰撞命令 SEL 的代码为 93H、95H 或 97H,分别对应于 UID CL1、UID CL2 或 UID CL3,即确定 UID CLn 的 n 值。

(2) PCD 指定 NVB=20H,表示 PCD 不发出 UID CLN 的任一部分,而迫使所有在场的 PICC 发回完整的 UID CLn 作为应答。

(3) PCD 发送 SEL 和 NVB。

(4) 所有在场的 PICC 发回完整的 UID CLn 作为应答。

(5) 如果多于一个 PICC 发回应答,则说明发生了碰撞;如果不发生碰撞,则可跳过步骤 (6)~(10)。

(6) PCD 应认出发生第一个碰撞的位置。

(7) PCD 指示 NVB 值以说明 UID CLn 的有效位数目,这些有效位是接收到的 UID CLn 发生碰撞之前的部分,后面再由 PCD 决定加一位 0 或 1,一般加 1。

(8) PCD 发送 SEL、NVB 和 UID CLn。

(9) 只有 PICC 的 UID CLn 部分与 PCD 发送的有效数据位内容相等时,才发送出 UID CLn 的其余位。

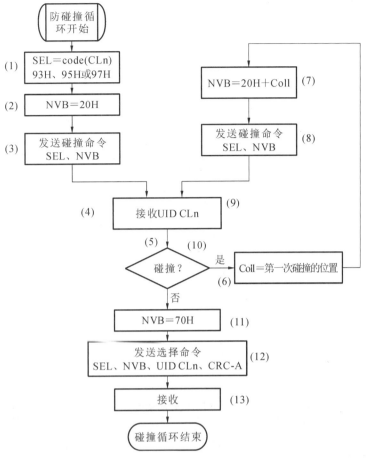

图 4-7 PCD 初始化和防碰撞流程

(10) 如果还有碰撞发生,则重复步骤(6)~(9),最大循环次数为 32。

(11) 如果没有在发生碰撞,则 PCD 指定 NVB=70H,表示 PCD 将发送完整的 UID CLn。

(12) PCD 发送 SEL 和 NVB,接着发送 40 位 UID CLn,后面是 CRC-A 校验码。

(13) 与 40 位 UID CLn 匹配的 PICC 以 SAK 作为应答。

(14) 如果 UID 是完整的,则 PICC 将发送带有 Cascade 位为 0 的 SAK,同时从 Ready 状态转换到 Active 状态。

(15) 如果 PCD 检查到 Cascade 位为 1 的 SAK,则将 CLn 的 n 值加 1,并再次进入防碰撞循环。

4. ANTICOLLISION 和 SELECT 命令

PCD 接收 ATQA 应答(ATQA 结构见表 4-2),PCD 和 PICC 进入防碰撞循环。ANTICOLLISION 和 SELECT 命令格式如表 4-3 所示。

在 NVB 字节中,高 4 位为字节数编码,是 PCD 发送的字节数,包括 SEL(SEL 的编码见表 4-4)和 NVB,因此字节数最小为 2,最大为 7,编码范围 0010~0111;低 4 位表示命令的非完整字节最后一位的位数,编码 0000~0111 对应的位数为 0~7 位,位数为 0 表示没有非完整字节。

Select 过程的目的是获得来自 PICC 的 UID 以及选择该 PICC 以便进一步通信。

下面算法应适用于防冲突环。

步骤1：PCD赋值编码了串联级别的SEL。

表4-2 ATQA结构

位	定义	说明
b16～b13	RFU(保留)	保留，为0
b12～b9	经营者编码	无
b8～b7	UID大小	00时UID级长为1(CL1)；01时UID级长为2(CL2)10时UID级长为3(CL3)；11时备用
b6	RFU	保留，为0
b5～b1	比特帧防碰撞方式	无

表4-3 ANTICOLLISION和SELECT命令格式

组成域	字节数	说明
SEL	1字节	93H为选择UID CL1 95H为选择UID CL2 97H为选择UID CL3
NVB	1字节	字节数编码
UID CLn	0～4字节	n为1、2、3
BCC	1字节	UID CLn的检验字节，是UID CLn的4个字节的异或

表4-4 SEL的编码

b8b7b6b5b4b3b2b1	说明
1 0 0 1 0 0 1 1	"93"选择UID CL1
1 0 0 1 0 1 0 1	"95"选择UID CL2
1 0 0 1 0 1 1 1	"97"选择UID CL3

步骤2：SEL和NVB的值指定了在防碰撞循环中分裂的位。

若NVB指示其后有40个有效位(NVB=70H)，则应添加CRC-A(2字节)。该命令为SELECT命令，是标准帧。

若NVB指定其后有效位小于40，则为ANTICOLLISION命令。ANTICOLLISION命令是比特防碰撞帧。

UID CLn为UID的一部分，n为1、2、3。ATQA的b8、b7表示UID的大小，UID由4、7或10个字节组成。UID CLn域为4字节，其结构如表4-5所示。表4-5中CT为级联标志，编码为88H。

表4-5 UID CLn结构

UID大小：1	UID大小：2	UID大小：3	UID CLn
UID0	CT	CT	
UID1	UID0	UID0	
UID2	UID1	UID1	ID CL1
UID3	UID2	UID2	
BCC	BCC	BCC	

UID 大小:1	UID 大小:2	UID 大小:3	UID CLn
	UID3	CT	
	UID4	UID3	ID CL2
	UID5	UID4	
	UID6	UID5	
	BCC	BCC	
		UID6	
		UID7	
		UID8	ID CL3
		UID9	
		BCC	

UID 可以是一个固定的唯一序列号,也可以是由 PICC 动态产生的随机数。当 UID CLn 为 UID CL1 时,编码如表 4-6 所示。

UID CLn 为 UID CL2 或 UID CL3 时,编码如表 4-7 所示。

5. SAK 应答

PCD 发送 SELECT 命令后,与 40 位 UID CLn 匹配的 PICC 以 SAK 作为应答。SAK 为 1 字节,它的结构和编码如表 4-8 所示。

表 4-6 UID CL1 编码

UID	UID0	UID1～3
说明	08H	PICC 动态产生的随机数
	固定的唯一序列号	X0～X7H(X 为 0～f)

表 4-7 UID CL2 编码

UID	UID0	UID1～UID6(或 UID9)
说明	ISO/IEC 7816 标准定义的制造商标识	制造商定义的唯一序列号

表 4-8 SAK 结构

字 节 名 称	SAK	CRC－A
内　　容	b1 b2 b3 b4 b5 b6 b7 b8	2 字节,以标准帧的形式传送

b3 为 Cascade 位。

b3 = 1 表示 UID 不完整,还有未被确认部分;

b3 = 0 表示 UID 已完整。

b6 = 1 表示 PICC 遵守 ISO/IEC 14443-4 标准的传输协议;

b6 = 0 表示传输协议不遵守 ISO/IEC 14443-4 标准。

SAK 的其他位为 RFU,置 0。

6. HALT 命令

HALT 命令为在 2 字节(0050H)的命令码后跟 CRC-A(2 字节)一共 4 字节的标准帧。

4.3.4 ISO/IEC 14443-4

ISO/IEC 14443-4 是描述非接触环境的半双工分组传输的协议,定义了 PICC 的激活过程和解除激活的方法。下面用流程图来描述 TYPE A 型 PICC 激活的协议操作过程,如图 4-8 所示。

当系统完成了 ISO/IEC 14443-3 中定义的请求、防碰撞和选择并由 PICC 发回 SAK 后,PCD 必须检查 SAK 字节,以核实 PICC 是否支持对 ATS(answer to select)的使用。

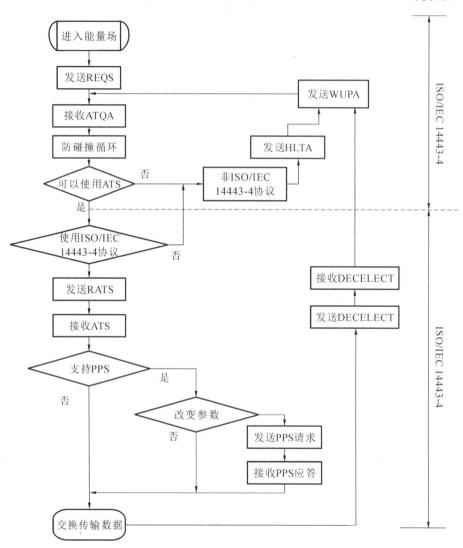

图 4-8 PICC 的激活过程和解除激活的流程

若 SAK 说明不支持 ISO/IEC 14443-4 协议,则 PCD 应发送 HALT 命令使 PICC 进入 Halt 状态。

若 SAK 字节说明支持 ISO/IEC 14443-4 协议,表明可以回应 ATS,那么 PCD 发出 RATS(请求 ATS)命令,PICC 接收到 RATS 后以 ATS 回应。若 PICC 在 ATS 中表明支持 PPS(protocol and parameter selection)并且参数可变,则 PCD 发送 PPS 请求命令,PICC 以 PPS 应答。PICC 不需要一定支持 PPS。

下述内容为 ISO/IEC 14443-4 协议命令的详细解释。

1. RATS(请求 ATS)

RATS 命令的格式如表 4-9 所示。

上表中,第一个字节是指命令开始,编码为 E0H。第二个字节是参数字节:高 4 位为 FSDI,用于编码 PCD 可接收的 FSD(最大的帧长),FSDI 编码值为 0～Fh 时,对应的 FSD 为 16,24,32,…,256,>256(备用)字节;低 4 位为编码 CID(卡标识符),定义了对 PICC 寻址的逻辑号,编码值为 0～14,值 15 为备用(reserved for future,RFU)。

表 4-9　RATS 命令

RATS组成字节	第一字节	第二字节		第三、四字节
编码及含义	E0H	FSDI	CID	CRC

2. ATS

ATS 的组成结构如表 4-10 所示。

1) 长度字节 TL

长度字节 TL 用于给出 ATS 响应的长度,包括 TL 字节,但不包含两个 CRC 字节。ATS 的最大长度不能超出 FSD 的大小。

2) 格式字节 T0

格式字节 T0 是可选的,只要它出现,长度字节 TL 的值就大于 1。T0 的组成如表 4-11 所示。

FSCI 用于编码 FSC,FSC 为 PICC 可接收的最大帧长,FSCI 编码和 FSDI 编码定义的最大帧长(字节)相同。FSCI 的默认值为 2H(FSC=32 字节)。

表 4-10　ATS 的构成

名称	长度字节	格式字节	接口字节			历史字符		CRC	
内容	TL	T0	TA(1)	TB(1)	TC(1)	T1	Tk	CRC-1	CRC-2
含义			编码 Ds 和 Dr	编码 FWI 和 SFGI	编码协议选项				

表 4-11　T0 组成

b8	b7	b6	b5	b4	b3	b2	b1
0,1 为 RFU	b7=1,传送 TC(1)	b6=1,传送 TB(1)	b5=1,传送 TA(1)	FSCI			

3) 接口字节 TA(1)

TA(1)用于决定参数因子 D,确定 PCD 至 PICC 和 PICC 至 PCD 的数据传输速率。TA(1)编码的结构如表 4-12 所示。

D=2 时比特率为 212 kb/s,其余 D 值对应的比特率可类推。表 4-12 中 Dr(称为接收因子)表示 PCD 向 PICC 通信时 PICC 的数据传输速率能力;Ds(称为发送因子)表示 PICC 向 PCD 通信时 PICC 的数据传输速率能力。

表 4-12　TA(1)结构

b8	b7	b6	b5	b4	b3	b2	b1
0	Ds≠Dr	0	默认	0	默认	0	默认	0	默认	0	默认	0	默认
1	Ds=Dr	1	Ds=8	1	Ds=4	1	Ds=2	1	RFU	1	Dr=8	1	Dr=4	1	Dr=2

4) 接口字节 TB(1)

TB(1)由两部分组成,分别定义了帧等待时间和启动帧的保护时间。高半字节为 FWI,用于编码帧等待时间 FWT。FWT 定义为 PCD 发送的帧和 PICC 发送的应答帧之间的最大延迟时间,表示为

$$FWT = (256 \cdot 16/f_c) \cdot 2^{FWI}$$

其中,f_c 为载波频率;FWI 值的范围为 0~14,15 为 RFU。当 FWI = 0 时,FWT = FWTmin = 302 μs;当 FWI = 14 时,FWT = FWTmax = 4949 ms。如果 TB(1)是默认的,则 FWI 的默认值为 4,相应的 FWT 为 4.8 ms。

PCD 可用 FWT 值来检测协议错误或未应答的 PICC。若在 FWT 时间内,PCD 未从 PICC 接收到响应,则可重发帧。

TB(1)的低半字节为 SFGI,用于编码 SFGT(启动帧保护时间),这是 PICC 在它发送 ATS 以后,到准备接收下一帧之前所需要的特殊保护时间。SFGI 编码值为 0~14,15 为 RFU。SFGI 值为 0 表示不需要 SFGT,SFGI = 1~14 对应的 SFGT 计算式为

$$SFGT = (256 \cdot 16/f_c) \cdot 2^{SFGI}$$

其中,f_c 为载波频率,SFGI 的默认值为 0。

5) 接口字节 TC(1)

TC(1)描述协议参数,它由两部分组成。第一部分从 b8 至 b3,置为 0,其他值作为 RFU。第二部分的 b2 和 b1 用于编码 PICC 对 CID(卡标识符)和 NAD(节点地址)的支持情况,b2 位为 1 时支持 CID;b1 位为 1 时支持 NAD;b2b1 位默认值为(10)b,表示支持 CID 而不支持 NAD。

6) 历史字符

历史字符 T1 至 Tk 是可选项,它的大小取决于 ATS 的最大长度。

3. PPS(protocol and parameter selection 协议和参数选择)请求

它由一个起始字节后跟两个参数字节加上两字节 CRC 组成。起始字节 PPSS。PPSS 的高 4 位编码为 1101,其他值时为 RFU。低 4 位定义 CID,即对 PICC 寻址的逻辑号。

PPS0 用于表明可选字节 PPS1 是否出现。当该字节 b8b7b6=000b,b5=1b,b4b3b2b1=0001b 时,表示后面出现 PPS1 字节。

PPS1 字节 b8b7b6b5=0000b,b4b3 为 DSI(设置发送因子 Ds 的值),b2b1 为 DRI(设置接收因子 Dr 的值)。DSI 和 DRI 的两位编码"00、01、10、11"对应的 D 值为 1、2、4、8。

PPS 请求的结构如表 4-13 所示。

表 4-13 PPS 请求的结构

起 始 字 节	参 数 0	参 数 1	CRC	
PPSS	PPS0	PPS1	CRC-1	CRC-2

4. PPS 响应

它为 PICC 接收 PPS 请求后的应答,由 3 字节组成,第一字节为 PPSS(同 PPS 请求的 PPSS),后两字节为 CRC 字节。

4.4 ISO/IEC 18000-6 标准

ISO/IEC 18000-6 标准定义了工作频率在 860~930 MHz 的阅读器和应答器之间的物理接口、协议、命令和防碰撞机制。它包含 TYPE A、TYPE B 和 TYPE C 三种无源标签的

接口协议,通信距离最远可以达到 10 m。目前,TYPE A 和 TYPE B 发展已停滞,而 TYPE C 是 EPC Class1 Gen2 所采用的协议并且发展较快。

4.4.1　EPC C1 G2 标准

ISO/IEC 18000-6 标准中的 TYPE C 与 EPC Class1 Gen2(简称 EPC C1 G2)协议相同,本书对两者不加区分,下述内容将从接口参数、存储器结构等方面对其进行介绍。

1. 系统介绍

EPC 系统是一个针对电子标签的应用规范,一般包括读写器、电子标签、天线以及上层应用接口程序等部分。每家厂商提供的产品应符合相关标准,虽然所提供的设备性能不同,但功能是相似的。

2. 操作说明

读写器向一个或一个以上的电子标签发送信息,发送方式是采用无线通信的方式来调制射频载波信号。而标签通过相同的调制射频载波接收功率。读写器通过发送未调制射频载波和接收由电子标签反射(反向散射)的信息来接收电子标签中的数据。

EPC C1 G2 UHF 段标准规定的无线接口频率为 860~960 MHz。但每个国家在使用时,会根据情况选择其中某段频率作为自己的使用频段。用户在选用电子标签和读写器时,应选用符合国家标准的电子标签及读写器。一般来说,电子标签的频率范围较宽,而读写器在出厂时会严格按照国家标准规定的频率来限定。

3. 发射功率

读写器的发射功率是一个很重要的参数。读写器对电子标签的操作距离主要由该发射功率来确定,发射功率越大,则操作距离越远。我国的暂定标准为 2 W,读写器的发射功率可以通过系统参数的设置来进行调整,可分为几级或连续可调。用户需根据自己的应用调整该发射功率,使读写器能在用户设定的距离内完成对电子标签的操作。对于满足使用要求的,将发射功率调到较小,以减少能耗。

4. 天线

天线作为 RFID 系统中非常重要的一部分,它对读写器与电子标签的操作距离有很大的影响。天线的性能越好,则操作距离越远。用户在选用时需要多加关注。

读写器与天线的连接有两种情况:一种是读写器与天线装在一起,称为一体机;另一种是通过 50 Ω 的同轴电缆与天线相连,称为分体机。天线的指标主要有使用效率(天线增益)、有效范围(方向性选择)、匹配电阻(50 Ω)和接口类型等。用户在选用时,应根据自己的需要选用相关的天线。一个读写器可以同时连接多个天线,在使用这种读写器时,用户需先设定天线的使用序列。

5. 密集读写器环境(DRM)

在实际应用场合,可能会存在多个读写器同时运行的情况,称为密集读写器环境。在这种情况下,各个读写器会占用各自的操作频道对自己的某类电子标签进行操作。用户在使用时,应根据需要选用可在 DRM 环境下可靠运行的读写器。

6. 数据传输速率

数据传输速率有高、低两种,一般的厂商都会选择高速数据传输速率。

4.4.2 存储器结构

本节介绍的电子标签是指 EPC C1 G2 中定义的标签,对于每个厂商生产的电子标签,其存储器结构是相同的,但容量大小会有差别。

1. 电子标签的存储器结构

从逻辑上来说,一个电子标签分为四个存储体,每个存储体可以由一个或一个以上的存储器组成。电子标签存储器结构图如图 4-9 所示。

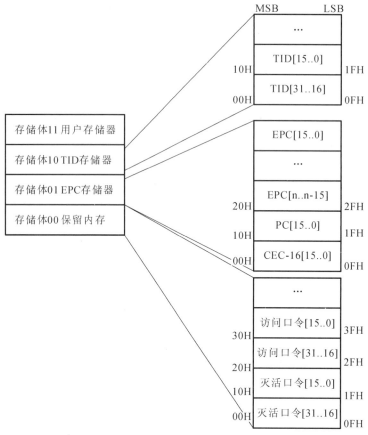

图 4-9 电子标签存储器结构图

从图 4-9 中可以看到,一个电子标签的存储器分成四个存储体,分别是存储体 00、存储体 01、存储体 10 和存储体 11。

1) 存储体 00

存储体 00 为保留内存。保留内存为电子标签存储口令(密码)的部分,包括灭活口令和访问口令。灭活口令和访问口令都为 4 字节。其中,灭活口令的地址为 00H~03H(以字节为单位);访问口令的地址为 04H~07H。

杀死口令(kill password):杀死口令也叫灭活口令,在有些情况下为了保证信息和隐私的不泄漏,需要启动电子标签的自损功能,比如在服装等领域,由于担心涉及顾客的安全隐私,可以在适当环节(例如购物结算时)使用 kill 命令,将标签永久性灭活。如图 4-10 所示。

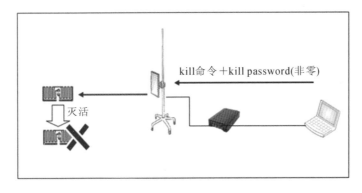

图 4-10 灭活口令应用场合

2) 存储体 01

存储体 01 为 EPC 存储器。EPC 存储器用于存储电子标签的 EPC 号、PC(协议-控制字)以及 CRC-16 校验码。CRC-16 为本存储体中存储内容的 CRC 校验码。PC 为电子标签的协议—控制字,表明本电子标签的控制信息。

PC 位包含标签在盘存操作期间以其 EPC 反向散射的物理层信息,表明本电子标签的控制信息。EPC 号是识别标签对象的电子产品码,由 PC 的值来指定若干个字。EPC 存储在以 20 H 存储地址开始的 EPC 存储器内,MSB 优先。EPC 存储器的地址 10H 至 1FH 存储 16 位的 PC 值,PC 为 2 字节,PC 位值定义如表 4-14 所示。

表 4-14 PC 位值定义

位	数 值	含 义
	00000	EPC 为 0 个字
	EPC 为 1 个字	00001
bit[4:0]电子标签的 EPC 号的数据长度	EPC 为 2 个字	00010
	⋮	⋮
	EPC 为 32 个字	11111
bit[7:5]	000	RFU
bit[15:8]	00000000	

3) 存储体 10

存储体 10 是 TID 存储器,该存储器是指电子标签的产品类识别号,每个生产厂商的 TID 号都会不同。用户可以在该存储器中存储其自身的产品分类数据及产品供应商的信息。一般来说,TID 存储器的长度为 4 个字。但有些电子标签的生产厂商提供的 TID 会为 2 个字或 5 个字。用户在使用时,应根据自己的需要选用相关厂商的产品。

4) 存储体 11

存储体 11 是用户存储器,该存储器用于存储用户自定义的数据。用户可以对该存储器进行读、写操作。该存储器的长度由各个电子标签的生产厂商确定。相对来说,存储长度大的电子标签价格会高一些。用户应根据自身应用的需要来选择相关长度的电子标签,以降低标签的成本。

2. 存储器的操作

由电子标签供应商提供的标签为空白标签,用户首先会在电子标签的发行时,通过读写器将相关数据存储在电子标签中(发行标签);然后在标签的流通使用过程中,通过读取标签存储器的相关信息,或将某状态信息写入到电子标签中完成系统的应用。

对于电子标签的四个存储体,读写器提供的存储命令都能支持对它们的读写操作。但有些电子标签在出厂时就已由供应商设定为只读,而不能由用户自行改写,这点在选购电子标签时需特别注意。

4.4.3 命令集

在对电子标签的操作中,有三组命令集用于完成相关的操作。这三组命令集是选择、盘存及访问,分别由一个或多个命令组成。

1. 选择(select)

选择命令集由一条命令组成。读写器对电子标签的读写操作前,需应用选择命令集来选择符合用户定义的标签,使符合用户定义的标签进入相应的状态;而其他不符合用户定义的标签仍处于非活动状态,这样可有效地先将所有的标签按各自的应用分成几个不同的类,以利于进一步的标签操作命令。

2. 盘存(inventory)

盘存命令集由多条命令组成。盘存是将所有符合选择条件的标签循环扫描一遍,标签将分别返回其 EPC 号。用户利用该操作可以首先将所有符合条件标签的 EPC 号读出来,并将标签分配到各自的应用块中。

3. 操作(access)

操作命令集包括电子标签的密码校验、读标签、写标签、锁定标签及灭活标签等。用户应用该组命令完成对电子标签的各项读取或写入操作。

4.4.4 EPC 标签

EPC 电子标签是由一个比大米粒 1/5 还小的电子芯片和一个软天线组成,可以像纸一样薄。EPC 电子标签可以在 1～6 米的距离让阅读器探测到,一般可以读写信息。

1. 德州仪器 UHF EPC G2 标签特点

(1) 非接触界面完全兼容 UHF EPC G2 标准。

(2) 长距离操作解决方案(可达 4～10 m)。

(3) 允许标签可以跨国家或地区使用。

(4) 超快速数据率达到 40～640kbits/s。

(5) 反冲突操作模式在欧洲达 600 张/秒,在美国可达 1600 张/秒。

(6) 128bits 的片上存储空间;96bit 的 EPC 代码,32bit 的标签标识符,并且还具备 32bit 空间作为存取密钥和 32bit 自毁命令。

(7) 兼容 UHF 频段的 ISO/IEC 18000-6 Type C 标准。

2. 飞利浦 UCODE EPC G2 标签特点

(1) 无线电界面接口完全兼容 UHF EPC G2 标准。

(2) 超长距离操作性能(在美国达到 7 m,在欧洲达到 6.6 m)。

(3) 适合 UHF RFID 应用,允许一张标签可以在全世界通用。

(4) 超快速数据率,上传达到 40～160kbits/s,下载达到 40～640kbits/s。

(5) 超高速(如防冲突机制)标签操作可达 600 张/秒,在美国和欧洲可达 1600 张/秒。

(6) 512bits 的片上存储空间;96bits 的 EPC 代码,32bit 的标签标识符,128bit 的用户

可编程存储空间,并且还具备 32bit 空间作为存取密钥(口令)和 32bit 自毁命令。

(7) 同样的硬件结构一样可以运行 UCODE HSL 和 UCODE EPC1.19。

课 后 习 题

1. ISO/IEC 的 RFID 标准分了哪几类?
2. 非接触式 IC 卡按读写距离分成哪三种?
3. 非接触式 IC 卡如何获得工作电压?
4. 非接触式 IC 卡的操作顺序如何?
5. 非接触式 IC 卡中信息传输通常采用哪些信源编码方式?
6. 何谓卡的休眠状态?
7. REQA 命令和 Wake up 命令的差别是什么?
8. 简述 ANTICOLLISION 命令与 SELECT 命令的格式。

第 5 章 RFID 阅读器开发技术基础

阅读器又称为读写器，是读取和写入电子标签信息的专用设备。读写器是射频识别系统中非常重要的组成部分。在通常情况下，射频标签读写设备应根据射频标签的读写要求以及应用需求来设计。随着射频识别技术的应用，射频标签读写设备已形成了一些常见的开发模式，未来读写器会呈现智能化、小型化和集成化发展趋势。将来在物联网系统中，读写器将成为同时具备通信、控制和计算功能的核心设备。

5.1 阅读器电路组成

从电路上来看，阅读器是一个嵌入式系统，一般由 MCU 控制器、射频收发模块、通信接口、天线以及其他外围电路组成，如图 5-1 所示。

本章将首先讲解阅读器电路的组成，然后讲解作为阅读器核心 MCU 的一种 STM8 单片机及其外围电路的实现。具体收发通道等会根据不同频段 RFID 系统的需求在后续章节进行分析和讲解。

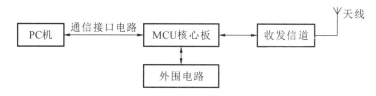

图 5-1 阅读器组成

5.1.1 STM8S 单片机的核心电路构成

近几年基于 ARM 核的单片机使用较多，以 STM32 为内核的单片机在市场上获得广泛应用。由 STM32 衍生的 8 位单片机 STM8 系列，具有超高的性价比和易用性。所以本书配套阅读器的 MCU 为意法半导体公司的 STM8 系列单片机，具体型号为 STM8S105K4。MCU 是阅读器的核心，配合外围电路完成收发控制、向应答器发送命令与写数据、应答器数据读取与处理、与应用系统的高层进行通信等任务。STM8S 控制器及外围电路的结构如图 5-2 所示。

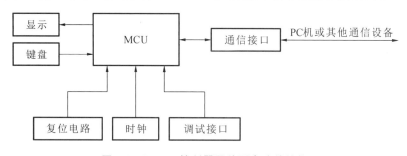

图 5-2 STM8S 控制器及外围电路的结构

STM8S105 系列单片机的一款芯片实物如图 5-3 所示。STM8S105K4 单片机是属于 STM8S 的 16 MHz 的 8 位单片机，Flash 最多 32K 字节，内部集成数据 EEPROM、10 位

ADC、定时器、UART、SPI、I²C 等外设单元。

图 5-3　STM8S105 芯片实物图

1. 复位电路

在 STM8S105K4 的最小系统电路（见图 5-4）中有单片机的复位电路，管脚 Vcap 是 STM8S 系列 MCU 内核供电电源的引出脚。为了保证内核能够正常运行，必须在 Vcap 引脚加去耦电容，并且要求距离 MCU 越近越好。建议这个引脚上的电容取 680 nf～1 μF 比较合适。

2. 电源电路

STM8S 系列单片机的工作电压为 2.95～5.5 V。因此在设计时要注意保证 MCU 的供电电源在这个范围之内。可以参考图 5-5 所示的电源电路，产生 3.3 V 直流供电电源，LED 是电源指示。要保证 MCU 的正常工作，必须将芯片所有的电源引脚都连接到相应的供电电源上。

3. 时钟电路

STM8 可使用外时钟或内时钟，当使用外时钟时，如果 MCU 主频超过 16 MHz，要在选项字节中配置等待周期为 1。STM8 的内时钟为 16 MHz，可根据需要进一步分频。

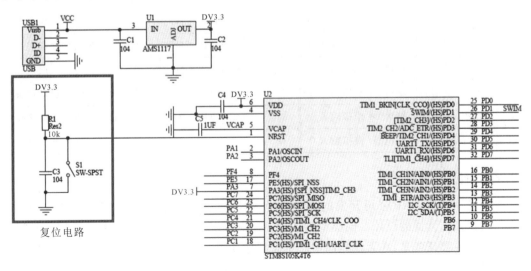

图 5-4　STM8S105K4 最小系统电路图

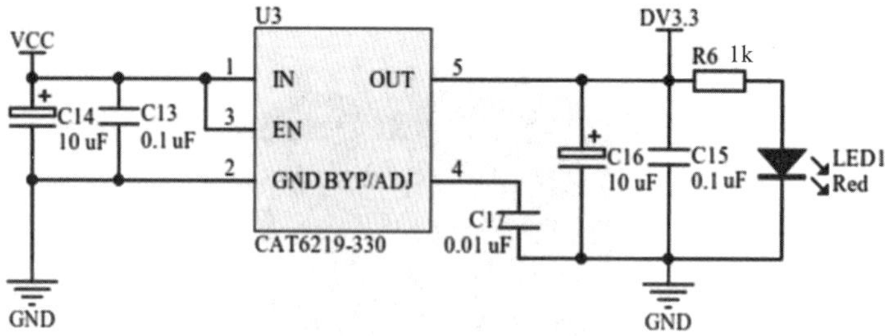

图 5-5　电源电路图

4. 管脚描述

STM8S105K4 微控制器的引脚是 32 个（引脚说明见表 5-1），GPIO 管脚为 25 个，内部 Flash 程序存储器为 16KB，数据 EEPROM 存储器为 1024 字节，RAM 为 2K 字节，内部集成了时钟振荡器、看门狗和掉电复位功能。

表 5-1　STM8S105K4 微控制器引脚说明（LQFP32）

编号	管脚名称	功　能	编号	管脚名称	功　能
1	NRST	复位（Reset）	17	PE5/SPI_NSS	端口 E5/SPI 选择
2	PA1/OSCIN	端口 A1/晶振输入	18	PC1/TIM1_CH1	端口 C1/定时器 1 通道 1
3	PA2/OSCOUT	端口 A2 晶振输出	19	PC2/TIM1_CH2	端口 C2/定时器 1 通道 2
4	VSS	数字地	20	PC3/TIM1_CH3	端口 C3/定时器 1 通道 3
5	VCAP	调压器电容	21	PC4/TIM1_CH4	端口 C4/定时器 1 通道 4
6	VDD	数字部分供电	22	PC5/SPI_SCK	端口 C5/SPI 时钟
7	VDDIO_1	I/O 供电	23	PC6/SPI_MOSI	端口 C6/SPI 主出从入
8	PF4/AIN12	端口 F4/模拟输入	24	PC7/SPI_MISO	端口 C7SPI 主入从出
9	VDDA	模拟供电	25	PD0/TIM3_CH2	端口 D0/定时器 3 通道 2
10	VSSA	模拟地	26	PD1/SWIM	端口 D1/SWIM 数据接口
11	PB5/AIN5	端口 B5/模拟输入 5	27	PD2/TIM3_CH1	端口 D2/定时器 3 通道 1
12	PB4/AIN4/	端口 B4/模拟输入 4	28	PD3/TIM2_CH2	端口 D3/定时器 2 通道 2
13	PB3/AIN3	端口 B3 模拟输入 3	29	PD4/TIM2_CH1	端口 D4/定时器 2 通道 1
14	PB2/AIN2	端口 B2 模拟输入 2	30	PD5/UART_TX	端口 D5/UART 数据发送
15	PB1/AIN1	端口 B1 模拟输入 1	31	PD6/UART_RX	端口 D6/UART 数据接收
16	PB0/AIN0	端口 B0 模拟输入 0	32	PD7/TL1	端口 D7/最高级中断

5.1.2　射频模块电路

本书使用的是 NXP 公司开发的高频读卡 MRC531 模块，该芯片封装电压低、体积小，适合做便携式阅读器的设计。同类型的芯片中还有国产的系列及德州仪器的系列。射频读写卡模块的主要任务是：在天线线圈中产生高频振荡信号，配合天线的匹配电路将能量传送给感应区的电子标签；对发射信号进行调制与解调、信号滤波等，把数字基带信号调制为高频信号同时把接收来的负载调制高频信号中的有用信号检测出来；使用固定的卡片命令字形式将命令传输给卡，同时接收卡传送回来的带加密的信息，使用密码对信息进行解密。其收发电路图如图 5-6 所示。

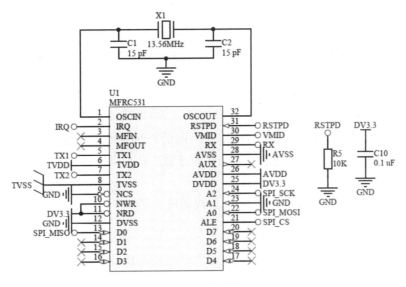

图 5-6　收发电路图

5.1.3　天线电路

在阅读器中,由于串联谐振回路电路简单、成本低,激励可采用低内阻的恒压源,谐振时可获得最大的回路电流等特点,因而被广泛采用。天线分为独立天线和板载天线。

图 5-7 所示为板载天线的接口电路和独立天线的实物图。

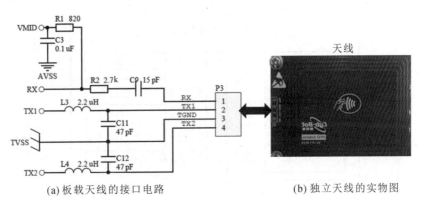

(a) 板载天线的接口电路　　　　(b) 独立天线的实物图

图 5-7　板载天线的接口电路和独立天线的实物图

5.2　STM8S 单片机介绍

STM8 系列是意法半导体公司生产的 8 位单片机。该型号单片机分为 STM8A、STM8S、STM8L 三个系列。

(1) STM8A:汽车级应用。

(2) STM8S:标准系列。

(3) STM8L:超低功耗 MCU。

5.2.1　特点

STM8S105 型号单片机是基础型系列 8 位单片机,内部具有容量为 16～32K 字节的

Flash 程序存储器,是集成真正的数据 EEPROM。

STM8S105 基础型系列所有的单片机具有以下一些性能。

(1) 更低的系统成本,内部集成真正的 EEPROM 数据存储器,可以达到 30 万次的擦写周期;高度集成了内部时钟振荡器、看门狗和掉电复位功能。

(2) 高性能和高可靠性。

(3) 16 MHz CPU 时钟频率;强大的 I/O 功能,拥有分立时钟源的独立看门狗。

(4) 具有时钟安全系统。

(5) 缩短开发周期;可根据具体的应用在通用的产品系列中选择,具有合适的封装、存储器大小和外设模块的芯片;完善的文档和多种开发工具可供选择。

(6) 产品具备可延续性。

(7) 拥有高水平内核和外设;系列产品广泛适应 2.95～5.5V 的工作电压。

5.2.2 内部结构和资源

在图 5-8 中,STM8S105 型号单片机内部的硬件资源比较多,可满足 RFID 阅读器开发的主控芯片的需求。

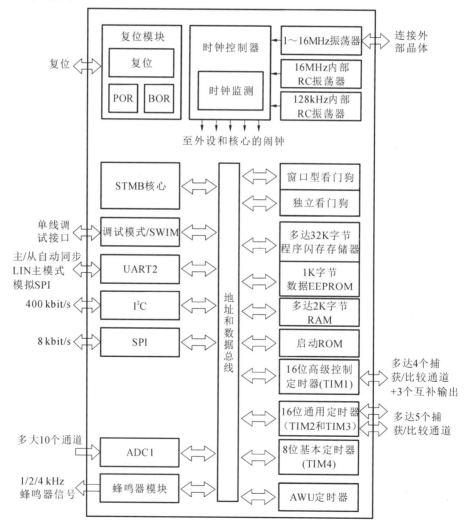

图 5-8 STM8S105 功能框图

5.2.3 时钟控制器

STM8S105 的时钟控制器将来自不同振荡器的系统时钟连接到内核和外设,在低功耗模式管理时钟的选通,并确保时钟的可靠性。时钟系统的功能具体如下。

1. 时钟分频

通过一个可编程的预分频器来调整 CPU 和外设的时钟频率。

2. 安全时钟切换

通过一个配置寄存器,可以在运行的时候安全地切换时钟源。在新的时钟源准备好之前时钟信号不会被切换。这个设计能够保证无故障地切换时钟。

3. 时钟管理

为了减少功耗,时钟控制器可以关闭内核、每个外设或存储器的时钟。

4. 主时钟源

有 4 个不同的时钟源可用来驱动主时钟。
(1) 1~16 MHz 高速外部晶振(HSE);
(2) 最高至 16 MHz 的高速外部时钟(HSE);
(3) 16 MHz 高速内部 RC 振荡器(HSI);
(4) 128 kHz 低速内部 RC(LSI)。

CPU 时钟的来源包括外部晶振、外部振荡器输入、内部高速振荡器输入,三种输入经过主时钟选择,再经过主时钟分频输出 CPU 及内部看门狗。

5. 启动时钟

复位之后,单片机默认运行在内部 2 MHz 时钟下(HSI/8)。一旦代码开始运行,应用程序就可以更改预分频比例和时钟源。

6. 时钟安全系统(CSS)

这个功能可以用软件打开。一旦 HSE 时钟失效,CSS 可以自动地将主时钟切换到内部 RC(16 MHz/8),并且可以选择产生一个中断。

7. 可配置的主时钟输出(CCO)

应用程序可以控制输出一个外部时钟。

初始化时钟的流程如下:
(1) 想要选择的主时钟使能,等待稳定;
(2) 选择主时钟并进行切换,等待切换完成;
(3) 选择系统时钟分频数;
(4) 选择相应的外设时钟。

5.3 I/O 端口

STM8S105 内部有非常丰富的输入、输出端口资源,其输入、输出引脚大多为复用引脚。STM8S105 单片机的 I/O 口包括 PA、PB、PC、PD 等 25 个 I/O 口 。

STM8 的通用输入/输出口用于芯片和外部进行数据传输。一个 I/O 口可以包括多达 8 个引脚,每个引脚可以被独立编程作为数字输入口或者数字输出口。另外,部分端口还有如模拟输入、外部中断、片上外设的输入/输出等复用功能。但是在同一时刻仅有一个复用功能可以映射到引脚上。复用功能的映射是通过选项字节控制的。

每个 I/O 口都有 5 个对应的寄存器,I/O 的工作方式也由这 5 个寄存器控制,一个 I/O 口工作在输入状态还是输出状态取决于该口的数据方向寄存器的状态。这5个寄存器分别为：
（1）数据方向寄存器；
（2）配置寄存器1；
（3）配置寄存器2；
（4）输出数据寄存器；
（5）输入数据寄存器。

STM8S 的 GPIO 功能如下：
（1）端口的各个位可以被单独配置；
（2）可选择的输入模式：浮动输入和带上拉输入；
（3）可选择的输出模式：推挽式输出和开漏输出；
（4）数据输入和输出采用独立的寄存器；
（5）外部中断可以单独使能和关闭；
（6）对输出摆率进行合理控制用以减少 EMC 噪声；
（7）片上外设的 I/O 功能复用；
（8）当作为模拟输入时可以关闭输入施密特触发器来降低功耗；
（9）输入兼容 5V 电压；
（10）I/O 口工作电压范围为 1.6 V 至 VDD。

5.3.1 引脚配置

STM8S 的每个 I/O 端口都由 5 个寄存器来控制：CR1 和 CR2 一起配置模式；DDR 进行方向控制；ODR 为输出数据寄存器；IDR 为输入数据寄存器。I/O 端口的每个位都可以被单独配置，可以选择为输入模式：浮动输入和带上拉输入；可以选择为输出模式：推挽式输出和开漏输出。外部中断可以单独使能和关闭。

每一个端口都有一个输出数据寄存器（ODR）、一个输入数据寄存器（IDR）和一个数据方向寄存器（DDR）。控制寄存器1（CR1）和控制寄存器2（CR2）用于对输入/输出进行配置。任何一个 I/O 引脚可以通过对 DDR、ODR、CR1 和 CR2 寄存器的相应位进行编程来配置。

寄存器中的位 n 对应于端口的引脚 n。各种不同配置如表 5-2 所示。

表 5-2 I/O 端口功能配置表

Pn_DDR	Pn_CR1	Pn_CR2	I/O 方式	引脚状态说明
0	0	0	输入	悬浮输入
0	0	1	输入	上拉输入
0	1	0	输入	中断悬浮输入
0	1	1	输入	中断上拉输入
1	0	0	输出	开漏输出
1	1	0	输出	推挽输出
1	X	1	输出	输出（最快速度为 10MHz）
x	x	x	真正的开漏输出	未采用

输入模式：将 DDRn 位清零就选择了输入模式。在该模式下读 IDR 寄存器的位将返回对应 I/O 引脚上的电平值。理论上 STM8 可以通过软件配置得到四种不同的输入模式：悬浮不带中断输入、悬浮带中断输入、上拉不带中断输入和上拉带中断输入。但是在实际情况下不是所有的端口都具有外部中断能力和上拉功能，用户应参考数据手册中关于每个引脚

的实际硬件性能描述来了解更多细节。

输出模式:将 DDRx 位置 1 就选择了输出模式。在该模式下向 ODR 寄存器的位写入数据将会通过锁存器输出对应数字值到 I/O 口。读 IDR 的位将会返回对应 I/O 引脚上的电平值。通过软件配置 CR1、CR2 寄存器可以得到不同的输出模式:上拉输出、开漏输出。

下面举例说明端口 A 和端口 D 的配置方法:

控制 3 个 LED,分别为 PA0、PA1、PD4,都设置为推挽输出模式。

以下是初始化函数:

```
void GPIO_init(void)
{
//对 A 端口的寄存器 DDR,CR1,CR2 进行配置
  PA_DDR|= 0x03; //输出模式
  PA_CR1|= 0x03;
  PA_CR2|= 0x00;
//对 D 端口的寄存器 DDR,CR1,CR2 进行配置
  PD_DDR|= 0x10; //输出模式
  PD_CR1|= 0x10;
  PD_CR2|= 0x00;
}
```

5.3.2 应用实例

1. 基于 STM8 的 LED 亮灭实例

一个 LED 灯连接在芯片 STM8S105K 的 PE5 管脚上,硬件接口原理图如图 5-9 所示。

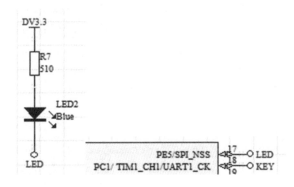

图 5-9 LED 硬件接口原理图

由图 5-9 可知 PE5 管脚输出低电平时 LED2 灯亮,输出高电平时 LED2 灯灭,故可以通过编写程序对管脚 PE5 进行控制,来使 LED 灯亮灭。

STM8 硬件库提供了一系列接口函数,可以使开发者更方便地操作芯片内部寄存器,本实例工程中采用是 STM8 硬件库 STM8S_StdPeriph_Lib_V2.1.0。

详细代码如下:

由硬件电路可知,用到的 GPIO 管脚为 PE5,以及其管脚 5(GPIO_PIN_5)。

```
# include "stm8s.h" //头文件
# define LED_GPIO_PORT    (GPIOE)        //定义了 GPIOE 的结构体
# define LED_GPIO_PINS    GPIO_PIN_5     //定义 GPIO 管脚为 PE5
```

```c
void Delay (uint16_t nCount);
void main(void)
{

    /* 调用库函数 GPIO_Init()配置 PE5 管脚为输出模式,并且初始输出低电平 */
    GPIO_Init(LED_GPIO_PORT,(GPIO_Pin_TypeDef)LED_GPIO_PINS,GPIO_MODE_OUT_PP_LOW
_FAST);

    while (1)
    {
        /* 输出高低电平亮灭灯*/
        GPIO_WriteReverse(LED_GPIO_PORT, (GPIO_Pin_TypeDef)LED_GPIO_PINS);
        Delay(0xFFFF); //亮灭的时间间隔
    }
}
void Delay(unsigned int nCount) // 延时函数
    {
    while (nCount != 0)
    {
        nCount- ;
    }
    }
```

函数 GPIO_WriteReverse()的工作就是让传入的 GPIO 引脚输出电平与原来的电平相反。那么传入的参数是 PE5 的话就导致 PE5 每隔一段时间输出相反的电平使 LED 灯闪烁。

GPIO 初始化的库函数为 void GPIO_Init(GPIO_TypeDef * GPIOx, GPIO_Pin_TypeDef GPIO_Pin, GPIO_Mode_TypeDef GPIO_Mode)。在库函数中参数 GPIO_TypeDef 是其对应的 GPIO 结构体,其中包含了 GPIO 的相关寄存器,如下所示:

```c
typedef  struct GPIO_struct
{
    __IO uint8_t ODR; /*!< Output Data Register */      输出寄存器
    __IO uint8_t IDR; /*!< Input Data Register */       出入寄存器
    __IO uint8_t DDR; /*!< Data Direction Register */   方向寄存器
    __IO uint8_t CR1; /*!< Configuration Register 1 */  配置寄存器
    __IO uint8_t CR2; /*!< Configuration Register 2 */  配置寄存器
}GPIO_TypeDef;
```

在 while 中的函数 GPIO_WriteReverse 原型:

```c
void GPIO_WriteReverse(GPIO_TypeDef* GPIOx, GPIO_Pin_TypeDef PortPins)
{
    GPIOx->ODR ^= (uint8_t)PortPins;   //对输出数据寄存器写入
}
```

2. 按键检测实例

在这个按键检测的例子中,按键连接到 STM8 的 PD7 管脚上,当检测到按键按下时驱动管脚 PE5 连接的 LED 灯亮。图 5-10 所示为按键接口图。

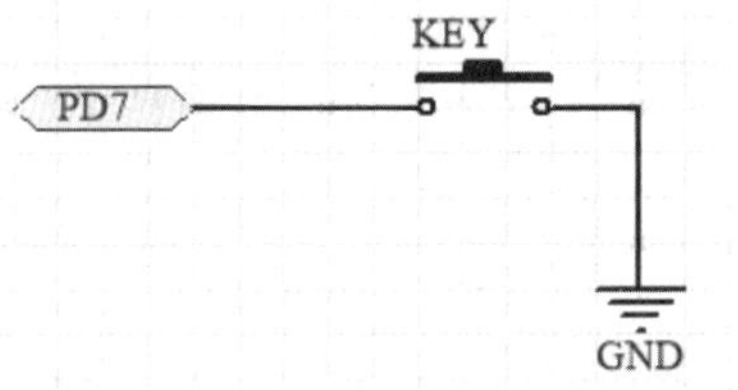

图 5-10 按键接口图

按键初始化和按键读取函数为：

```c
#include <STM8S.h>
void Key_Init(void)
{
    PD_DDR &= 0x7F;        // PD_DDR 的 bit7 置 0,PD7 输入
    PD_CR1 |= 0x80;        // PD_CR1 的 bit7 置 1,带上拉输入
    PD_CR2 &= 0x7F;        // PD_CR2 的 bit7 置 0,禁止外部中断
}
void Key_Scan(void)
{
    if(PD_IDR_IDR7==0)
    {
        delay_ms(20);                //延时消抖
        if(PD_IDR_IDR7==0)           //读取 PD7 的输入状态
        {
            PE_ODR^= 0x20;           //PE5 取反
        }
    }
}
int main(void)
{
    System_Init();         //时钟初始化,设置内部时钟为 16MHz
    Key_Init();
    Gpio_Init();
    while(1)
    {
        Key_Scan();
    }
}
void Gpio_Init(void)
{
    PE_DDR |= 0x20;        //PE5 设置为输出
    PE_CR1 |= 0x20;        //PE5 设置为推挽输出
    PE_CR2 |= 0x20;        //最大输出速度 10MHz
}
```

3. 中断按键实例

由图 5-11 可知按键 KEY 与 PC1 引脚相连。可配置 PC1 引脚为外部中断,在中断处理函数中控制 LED 灯的亮灭。

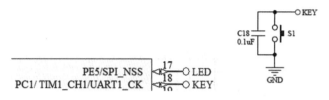

图 5-11 中断按键硬件接口原理图

首先要中断初始化：

GPIO_Init(GPIOx,GPIO_PIN_x,GPIO_MODE_IN_PU_IT);配置相应的 GPIO 引脚为外部中断输入。

中断使能函数为 enableInterrupts()。

中断服务处理子函数：

STM 固件库中断处理子函数在文件 stm8s_it.c 中定义,本实例用到的是中断 PC 引脚,其中断处理函数为：

INTERRUPT_HANDLER(EXTI_PORTC_IRQHandler,5)

```
#include "stm8s.h"    //头文件
#define LED_PORT      GPIOE
#define LED_PIN       GPIO_PIN_5
#define LED_On()      (LED_PORT->ODR &= ~LED_PIN)
#define LED_Off()     (LED_PORT->ODR |= LED_PIN)
#define LED_Toggle()  (LED_PORT->ODR ^= LED_PIN)
void EXTI_Config(void)
{
    //设置 PC1 上拉输入,外部中断
    GPIO_Init(GPIOC, GPIO_PIN_1, GPIO_MODE_IN_PU_IT);
    EXTI_DeInit();
    //下降沿触发
    EXTI_SetExtIntSensitivity(EXTI_PORT_GPIOC, EXTI_SENSITIVITY_FALL_ONLY);
}

void main(void)
{
    CLK_Config();
    LED_Init();
    EXTI_Config();     //外部中断设置
    enableInterrupts();
    while (1)
    {
    }
}
```

中断服务子函数代码如下：

```
INTERRUPT_HANDLER(EXTI_PORTC_IRQHandler, 5)
{
    if ((GPIO_ReadInputData(GPIOC) & GPIO_PIN_1) = =  0x00)//判断 PC1 引脚是否触发
    {
        LED_Toggle(); //LED 亮灭
    }
}
```

4. 蜂鸣器驱动实例

一个蜂鸣器连接在芯片 STM8S105K 的 PD4 管脚（该管脚是复用管脚）上，硬件接口原理图如图 5-12 所示，蜂鸣器接口是 STM8S 特有的一个模块定时器 2，它产生一个特定频率的方波来驱动蜂鸣器。

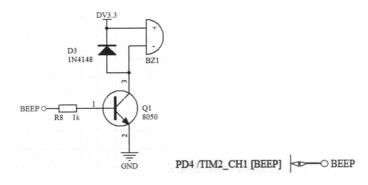

图 5-12　蜂鸣器硬件接口原理图

蜂鸣器驱动的代码如下：

```
# include "stm8s.h"   //头文件
void main(void)
{
    CLK_Config();    //复位外围时钟频率,设置内部时钟为 16MHz
    BEEP_Config();   //蜂鸣器引脚初始化
    enableInterrupts(); //使能中断
    delay_ms(500);
    
    while (1)
    {
        BEEP_On();
        delay_ms(200);
        BEEP_Off();
        delay_ms(200);
    }
}
```

```
void BEEP_Config(void)
{
    BEEP_DeInit();
    BEEP_Init(BEEP_FREQUENCY_2KHZ);
    BEEP_LSICalibrationConfig(LSI_FREQUENCY_MAX);
}

void BEEP_On(void)
{
    BEEP_Cmd(ENABLE);
}


void BEEP_Off(void)
{
    BEEP_Cmd(DISABLE);
}
```

5.4 定时器

定时器(简称 TIM)主要的特点是延时精确,而阻塞式延时(编写延时函数)在这一延时过程中 CPU 不能做其他事情,只能等待延时结束。在某些场合下,CPU 需要在延时的过程中进行其他操作,如在延时过程中需要检测某一个 I/O 口的电平状态、检测某一按键是否处于按下状态等。这个时候最简单的处理方法就是使用定时器中断,一旦这个定时时间到就触发中断,在中断服务函数中做检测 I/O 口状态的任务。

STM8S 的定时器分为三类:

(1) 高级定时器 TIM1;

(2) 通用定时器 TIM2、TIM3、TIM5;

(3) 基本定时器 TIM4、TIM6。

其中除 TIM4 和 TIM6 是 8 位定时器外,其他的定时器都是 16 位的。每个定时器都具有自动重装载功能。每个定时器的时钟都可以由系统时钟独立分频而来,其中高级定时器 TIM1 可以选择 65536 种分频,分频系数为 1~65536。通用定时器可以选择 16 种分频,基本定时器只能选择 8 种分频。除了 TIM1 可以选择计数方向外,其他的定时器都是向下计数的。

1. TIM 工作过程

主系统时钟 fMASTER 通过分频 Prescaler 产生时钟信号,计数器 UP-COUNTER 开始计数,当计数器和 Auto-reload register 相等时,有一个事件更新(即延时时间到),如果使能了中断,则会响应中断(UIF)。

基本定时器一般是 8 位的定时器,最大值为 255。如果不满足计数要求,可以使用 16 位的通用定时器。例如:TIM4 属于基本定时器,是 8 位计数的定时器,也就是说 UP-COUNTER 和 Auto-reload register 是 8 位的寄存器,最大值只能为 255。

定时用到的寄存器具体如下。

1) 自动装载寄存器高位(TIMx_ARRH)和自动装载寄存器低位(TIMx_ARRL)

这两个寄存器复位值都是 0x00。高级定时器 TIM1 和通用定时器 TIM2、TIM3、TIM5 都是 16 位计数的定时器,操作寄存器的时候要先写高 8 位再写低 8 位。而基本定时器 TIM4、TIM6 是 8 位计数的定时器,是不分高 8 位和低 8 位的,所以操作基本定时器的时候寄存器名字是 TIMx_ARR。操作重装载寄存器的时候更新的值不会马上写入重装载寄存器,而是等到有中断产生的时候操作的数值才会写入寄存器,当然也可以用软件的方法产生中断。

2) 计数器高位(TIMx_CNTRH)和计数器低位(TIMx_CNTRL)

计数器高位和计数器低位复位值都是 0x00,其中只有高级定时器 TIM1 和通用定时器 TIM2、TIM3、TIM5 才会用到这两个计数器,而基本定时器用的计数器是 TIMx_CNTR。最好在开启定时器前清零下计数器。基本定时器中位[5:1]保留。

3) 中断使能寄存器(TIMx_IER)

这个寄存器对所有定时器都通用,复位值为 0x00。表 5-3 所示为中断使能寄存器的描述。

表 5-3 中断使能寄存器的描述

TIMx_IER	位	描述
保留	7	保留
TIE:触发中断使能	6	0:触发中断禁用;1:触发中断使能
保留	5:4	保留
CC3IE:允许捕获/比较 3 中断	3	0:禁止捕获/比较 3 中断;1:允许捕获/比较 3 中断
CC2IE:允许捕获/比较 2 中断	2	0:禁止捕获/比较 2 中断;1:允许捕获/比较 2 中断
CC1IE:允许捕获/比较 1 中断	1	0:禁止捕获/比较 1 中断;1:允许捕获/比较 1 中断
UIE:允许更新中断	0	0:禁止更新中断;1:允许更新中断

4) 状态寄存器 1(TIMx_SR1)

复位值为 0x00,这个寄存器对高级定时器和通用定时器适用,但是基本定时器的状态寄存器名字是 TIMx_SR,对应的功能是一样的,基本定时器中位[5:1]保留。表 5-4 所示为状态寄存器的描述。

表 5-4 状态寄存器的描述

TIMx_SR1	位	描述
保留	7	保留
TIF:触发中断标志	6	当产生触发事件时该位由硬件置 1(在 TRGI 信号上检测到有效的触发沿,当选择门控模式时,上升及下降沿都有效)。它由软件清零 0:没有触发事件发生;1:触发中断悬挂 注意:在 TIM2、TIM3 中该位保留
保留	5:4	保留
CC3IF:捕获/比较 3 中断标志	3	0:无输入捕获产生;1:捕获事件发生,由软件清零
CC2IF:捕获/比较 2 中断标志	2	0:无输入捕获产生;1:捕获事件发生,由软件清零
CC1IF:捕获/比较 1 中断标志	1	0:无输入捕获产生;1:捕获事件发生,由软件清零
UIF:更新中断标志	0	0:无更新事件产生;1:更新事件等待响应 当寄存器被更新时该位由硬件置 1

5) 控制寄存器 1(TIMx_CR1)

控制寄存器的描述如表 5-5 所示。

续表

表 5-5 控制寄存器的描述

TIMx_CR1	位	描 述
ARPE:自动重装载允许位	7	0:TIMX_ARR 寄存器没有预装载寄存器可以缓冲,可以直接对其操作 1:TIMX_ARR 寄存器通过预装载寄存器可以缓冲
保留	6:4	保留
OPM:单脉冲模式	3	0:在发生更新事件时,计数器不停止 1:在发生下一次更新事件(清除 CEN 位)时,计数器停止
URS:更新请求源	2	0:当更新请求使能时,只要寄存器被更新了就产生更新中断 1:当更新请求使能时,只有计数器溢出才会产生更新中断
UDIS:禁止更新	1	0:只要计数器溢出,或者产生了软件更新,或者通过时钟/触发模式控制器产生了硬件复位,就产生更新事件 1:不产生更新事件
CEN:使能计数器	0	0:禁止计数器 1:使能计数器

2. 定时器初始化的例子

```
/****************************
//定时器 2 初始化
/
void InitTIM2()
{
    TIM2_PSCR= 0;//1 分频,定时器时钟等于系统时钟
    TIM2_ARRH= 0X3e;//一定要先装高八位,再装低八位
    TIM2_ARRL= 0X80;//1ms 重装值 16000,这是个误区,技术手册里说 TIM2 是向上计数,其实是向下计数的

    TIM2_CNTRH= 0;
    TIM2_CNTRL= 0;//有必要清除下计数器

    TIM2_IER= 0X01;//使能 TIM2 更新中断
    TIM2_SR1= 0X01;//清除 TIM2 更新中断标志
    TIM2_CR1= 0X81;//允许重装,使能定时器
}
/****************************
定时器 1 初始化,TIM1 向下计数模式
*****************************/
void InitTIM1()
{
    TIM1_PSCRH= 0;//一定要先写高八位
    TIM1_PSCRL= 0;//1 分频,定时器时钟等于系统时钟
```

```
TIM1_ARRH= 0X3e;//一定要先装高八位,再装低八位
TIM1_ARRL= 0X80;//1ms 重装值 16000

TIM1_CNTRH= 0;
TIM1_CNTRL= 0;//有必要清除下计数器

TIM1_IER |= 1<<0;//使能 TIM1 更新中断
TIM1_SR1 = 1<<0;//清除 TIM1 更新中断标志

TIM1_CR1 |= 1<<7;//允许重装,使能定时器
TIM1_CR1 |= 1<<4;//选择向下计数模式
TIM1_CR1 |= 1<<0;//使能计数器
}
```

5.5 中断系统

CPU 与外设之间的通信方式有三种:查询方式、中断方式、直接存储器存取(DMA)方式。

查询方式包括查询输出方式和查询输入方式。查询输入方式是指 CPU 读外设数据前,先查询外设是否处于准备就绪状态(即外设是否已将数据输出到 CPU 的数据总线上);查询输出方式是指 CPU 向外设输出数据前,先查询外设是否处于空闲状态(即外设是否可以接收 CPU 输出的数据)。

查询方式优缺点:优点是硬件开销少、传输程序简单;缺点是 CPU 占用率高,因为在外设未准备就绪或处于非空闲状态前,CPU 一直处于查询状态,不能执行其他操作,任何时候也只能与一个外设进行数据交换。

采用中断传输方式就可以克服查询传输方式存在的缺陷:当 CPU 需要向外设输出数据时,将启动命令写入外设控制口后,就继续执行随后的指令序列,而不是被动等待;当外设处于空闲状态,可以接收数据时,由外设向 CPU 发出允许数据传送的请求信号,即中断请求信号,如果满足中断响应条件,CPU 将暂停执行随后的指令序列,转去执行预先安排好的数据传送程序——称为中断服务程序,CPU 响应外设中断请求的过程简称为中断响应;待完成了数据传送后,再返回断点处继续执行被中断了的程序——这一过程称为中断返回。可见,在这种方式中,CPU 发出控制命令后,将继续执行控制命令后的指令序列,而不是通过检测外设的状态来确定外设是否处于空闲状态,这不仅提高了 CPU 的利用率,而且能同时与多个外设进行数据交换——只要合理安排相应中断的优先级以及同优先级中断的查询顺序即可。因此,中断传输方式是 CPU 与外设之间最常见的一种数据传输方式。

1. 中断源

在计算机控制系统中,把引起中断的事件称为中断源。在单片机控制系统中,常见的中断源如下。

(1) 外部中断,如 CPU 某些特定引脚电平变化引起的中断。

(2) 各类定时/计数器溢出中断(即定时时间到或计数器满中断)。

(3) EEPROM 或 FlashRom 操作(擦除、写入)结束中断。

(4) AD 转换结束中断。

(5) 串行发送结束中断。

(6) 串行接收有效中断。

(7) 电源掉电中断。

STM8S 支持 32 个中断,中断服务程序入口地址称为中断向量,放在 8000H～807FH 之间。每个中断向量占 4 个字节,共 128 字节。中断服务程序可放在 16MB 任一存储区。表 5-6 所示为中断向量表。

表 5-6 中断向量表

中断向量号	中 断 源	描 述	向量地址
	RESET	复位	8000h
	TRAP	软件中断	8004h
0	TLI	外部最高级中断	8008h
1	AWU	自动唤醒 HALT 模式中断	800Ch
2	CLK	时钟控制器	8010h
3	EXTI0	端口 A 外部中断	8014h
4	EXTI1	端口 B 外部中断	8018h
5	EXTI2	端口 C 外部中断	801Ch
6	EXTI3	端口 D 外部中断	8020h
7	EXTI4	端口 E 外部中断	8024h
8	CAN	CAN RX 中断	8028h
9	CAN	CAN TX/ER/SC 中断	802Ch
10	SPI	发送完成	8030h
11	TM1	更新/上溢出/下溢出/触发/刹车	8034h
12	TM1	捕获/比较	8038h
13	TM2	更新/上溢出	803Ch
14	TM2	捕获/比较	8040h
15	TM3	更新/上溢出	8044h
16	TM3	捕获/比较	8048h
17	UART1	发送完成	804Ch
18	UART1	接收寄存器满	8050h
19	I²C	I²C 中断	8054h
20	UART2/3	发送完成	8058h
21	UART2/3	接收寄存器满	805Ch
22	ADC	转换结束	8060h
23	TIM4	更新/上溢出	8064h

2. 中断优先级

当多个外设以中断方式与 CPU 进行数据交换时,可能遇到两个或两个以上外设中断请求同时有效的情形。在这种情况下，CPU 先响应哪一个外设的中断请求？这就涉及中断优先级问题。一般来说，为了能够处理多个中断请求，中断控制系统均提供中断优先级控制。有了中断优先级控制后，就可以解决多个中断请求同时有效时，先响应哪一个中断请求的问题，以及高优先级中断请求可中断低优先级中断处理进程，实现中断嵌套。表 5-7 所示为中断优先级表。

表 5-7 中断优先级表

软件优先级别	优 先 级	I1	I2
0 级（主程序）	低 ↓ 高	1	0
1 级		0	1
2 级		0	0
3 级（=无软件优先级）		1	1

3. 中断开关

有时为避免某一处理过程被中断，中断控制器给每一个中断源都设置了一个中断请求屏蔽位，用于屏蔽（即禁止）相应中断源的中断请求，当某一中断源的中断请求处于禁止状态时，即使该中断请求有效，CPU 也不响应，相当于中断源的中断开关。此外，还设一个总的中断请求屏蔽位，当该位处于禁止状态时，CPU 忽略所有中断源的中断请求，相当于中断源总开关。

4. 中断处理过程

STM8 中断控制器处理以下两种类型的中断源。

（1）不可屏蔽的中断：RESET、TLI 和 TRAP。

（2）可屏蔽中断：外部中断或者内嵌的外设中断。

不可屏蔽中断源：不可屏蔽中断不会考虑 CC 寄存器的 I1 和 I0 的状态。仅当 TRAP 中断发生时将 PC、X、Y、A 和 CC 寄存器的内容压栈。相应的向量载入到 PC 寄存器中，同时置位 I1 和 I0 位禁止中断（3 级优先级）。

5. 外部中断的例子

中断初始化代码：

```
void Init_External(void)
{
  GPIO_Init(GPIOD,GPIO_PIN_4,GPIO_MODE_IN_PU_IT);      //PD4 设置为外部上拉中断
  EXTI_DeInit();            //恢复所有外部中断寄存器
  EXTI_SetExtIntSensitivity(EXTI_PORT_GPIOD,EXTI_SENSITIVITY_FALL_ONLY); //端口D 设置为中断，只有下降沿中断
}
```

主函数和中断服务程序代码：

```
void main(void)
{
Init_External();
enableInterrupts();
  while(1);
}
```

```
INTERRUPT_HANDLER(EXTI_PORTD_IRQHandler, 6) //服务函数
{
  if ((GPIO_ReadInputPin(GPIOD, GPIO_PIN_4)) ! = RESET)   //SET or RESET
  {
      … //自己编写内容
  }
  //不用清除标志位
}
```

5.6 串口

1. 简介

通用异步收发传输器(universal asynchronous receiver/transmitter),通常称作 UART,是一种异步收发传输器。

STM8S 微控制器家族的通用同步异步收发器(UART1、UART2 或 UART3)提供了一种灵活的方法和使用工业标准 NZR 异步串行数据格式的外部设备之间进行全双工数据交换。STM8 的 UART 提供宽范围的波特率选择,并且支持多处理器通信。

其主要特性如下:

(1) 全双工的,异步通信;

(2) 高精度波特率发生器系统,发送和接收共用的可编程波特率,最高达 2.5Mbit/s;

(3) 可编程数据字长度(8 位或 9 位);

(4) 可配置的停止位——支持 1 或 2 个停止位;

(5) 单线半双工通信(UART1);

(6) 检测标志:接收缓冲器满、发送缓冲器空、传输结束标志;

(7) 6 个带标志的中断源;

(8) 2 个中断向量;

(9) 低功耗模式。

UART 首先将接收到的并行数据转换成串行数据来传输。消息帧从一个低位起始位开始,后面是 5~8 个数据位,一个可用的奇偶位和一个或几个高位停止位。接收器发现开始位时它就知道数据准备发送,并尝试与发送器时钟频率同步。如果选择了奇偶,UART 就在数据位后面加上奇偶位。奇偶位可用来帮助校验错误,串口通信最重要的参数是波特率、数据位、停止位和奇偶校验。对于两个进行通信的端口,这些参数必须匹配。

在图 5-13 中可以看到:PC 与 STM8 通过 UART 通信时最简单地只需要 3 根线,RX 为接收数据线,TX 为发送数据线,还有一根地线。串口通信硬件连接为接收发送线交叉连接。

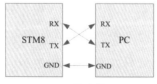

(a) UART通信连接示意图   (b) STM8S105的UART的硬件电路图

图 5-13　PC 和 STM8 的 UART 通信连接

STM8 的串口接收和发送引脚与 TXD 和 RXD 连接，可根据读取和写入数据到串口来完成串口与 PC 的通信。

2. STM8 固件库中提供了 UART 的相关函数

STM8 固件库中提供了 UART 的相关函数，通过这些函数用户可以配置 UART 进行通信。使得用户不需要根据芯片手册再进行底层 UART 相关寄存器的配置。

（1）UART 初始化函数：

```
UART2_DeInit();  //清除 UART 相关的寄存器数据
```

（2）配置 UART 的参数函数：

```
void UART2_Init(uint32_t BaudRate, UART2_WordLength_TypeDef WordLength,
UART2_StopBits_TypeDef StopBits, UART2_Parity_TypeDef Parity, UART2_SyncMode_
TypeDef SyncMode, UART2_Mode_TypeDef Mode)
```

此函数用来配置 UART 的参数，包括波特率、数据位、停止位、奇偶校验位以及同步模式使能和接收发送使能，该函数在文件 stm8s_uart2.c 中定义。

（3）UART 使能函数：

```
UART2_Cmd(FunctionalState NewState)
```

NewState 有两个值：DISABLE（禁止）和 ENABLE（使能）。

（4）UART 接收数据函数：

```
uint8_t UART2_ReceiveData8(void)
```

当串口接收到数据时，串口接收数据标志位 UART2_FLAG_RXNE 将会被置位，下面的函数用来判断该标志位：

```
FlagStatus UART2_GetFlagStatus(UART2_Flag_TypeDef UART2_FLAG)
```

判断标志位非空即可以读取串口接收寄存器中的数据，函数如下：

```
uint8_t UART2_ReceiveData8(void)
```

该函数每次从外围电路读取 8 位的数据，返回值为读取的数据。

（5）UART 发送数据函数：

```
void UART2_SendData8(uint8_t Data)
```

该函数发送 8 位的数据到外围电路，UART2_FLAG_TXE 是发送数据非空标志位，在发送一次数据后需判断该标志位，直到该位为 1 才可进行下次发送，判断可用函数为：

```
FlagStatus UART2_GetFlagStatus(UART2_Flag_TypeDef UART2_FLAG)
```

3. UART 和 PC 通信的例子

主要实现功能：主函数中先对串口进行了配置，然后通过判断接收标志位来接收数据，后将接收到的数据发送给 PC。

1）串口初始化代码

```
void Uart1_Init(void)
{
    UART1_DeInit();  //清除 UART 相关的寄存器数据
    UART1_Init((u32)115200, UART2_WORDLENGTH_8D, UART2_STOPBITS_1, \
               UART2_PARITY_NO, UART2_SYNCMODE_CLOCK_DISABLE, \
               UART2_MODE_TXRX_ENABLE);//初始化函数
    UART2_Cmd(ENABLE );    //使能 UART1
```

在串口初始化 UART1_Init()中包含的参数如下：

（1）115200：波特率；

(2) UART1_WORDLENGTH_8D:字长,8 位或 9 位;

(3) UART1_STOPBITS_1:停止位;

(4) UART1_PARITY_NO:奇偶校验;

(5) UART1_SYNCMODE_CLOCK_DISABLE:同步模式;

(6) UART1_MODE_TXRX_ENABLE:收发使能。

2) 主函数功能结构

这里完成的是 PC 向 STM8 发送字符,STM8 接收到数据后通过 UART 发送给 PC。

```
void main(void)
{
    u8 temp;
    CLK_Config();//系统时钟配置
    Uart2_Init(); //串口初始化
    printf("Hello world! \r\n");
    while (1)
    {
      while(UART2_GetFlagStatus(UART2_FLAG_RXNE) == RESET);//判断接收标志位
      temp = UART2_ReceiveData8();   //读取串口数据,来自 PC 发送的数据
      UART2_SendByte(temp);         //返回串口数据
    }
}

void UART2_SendByte(u8 data)
{
    UART2_SendData8((unsigned char)data);
    while (UART2_GetFlagStatus(UART2_FLAG_TXE) == RESET); //等待传输完成
}
```

课 后 习 题

1. 说明阅读器电路组成部分。
2. 说明 STM8S105 时钟控制器的作用,外围时钟电路是怎么设计的?
3. 说明 STM8S 的 I/O 端口操作的方法。
4. 说明 STM8S 芯片的串口编程方法。

第 6 章 低频 RFID 阅读器设计

低频 RFID 技术穿透性强,使用不受限制,生活中的门禁和考勤等系统的人员识别多采用低频 125 kHz(低频为 120 kHz～135 kHz)RFID 技术,即为 ID 卡技术。ID 卡全称为身份识别卡(identification card),是一种只读且不可写入的感应卡,含固定的编号。ID 卡与磁卡一样,都仅仅使用了卡的编号而已,卡内除了卡号外,无任何保密功能。且 ID 卡的价格便宜,所以使用较为广泛。

这里介绍一种采用 125 kHz 的 ID 卡芯片 EM4100 和专门的读卡芯片 EM4095 构成的读卡系统的设计。

6.1 低频 ID 卡简介

1. ID 卡的特点

低频 RFID 由于频率较低,带宽有限,所以不适合传输大量数据以及数据写入。因此低频 RFID 标签通常是以 ID 卡的形式出现,即在标签中固化一串 ID 号,阅读器仅可以阅读,不能写入和更改。

ID 卡仅提供一个 ID 卡号,通常用作身份识别,更多的功能需要依赖于阅读器。阅读器读取 ID 号进行比对后,执行相关处理或者传入上位机或网络进行处理。

ID 卡的主要特点如下。

(1) ID 卡载波频率为 125 kHz。
(2) ID 卡向读卡器传送数据的调制方式为加载调幅。
(3) ID 卡内数据编码采用抗干扰能力强的 BPSK 相移键控方式。
(4) ID 卡向读卡器的数据传送速率为 3.9kbit/s 或 6.62kbit/s。
(5) ID 卡数据存储采用 EEPROM,数据保存时间超过 10 年。
(6) ID 卡数据存储容量共 64 位,包括制造商、发行商和用户代码。
(7) ID 卡号在封卡前写入后不可再更改,确保了卡号的唯一性和安全性。
(8) 芯片除封装成标准卡片形状外,还可根据应用需要封装成多种形状。如图 6-1 所示。

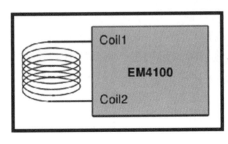
(a) 常规封装

(b) 异形封装

图 6-1 ID 卡封装图

2. 常见低频 ID 卡

低频 ID 卡通常采用无源设计,将 ID 芯片和天线封装在一起,做成卡片或标签的样式,其实物如图 6-2 所示。

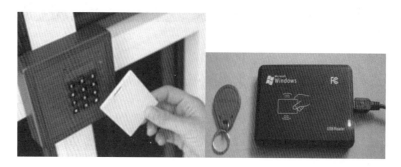

图 6-2　ID 卡读卡器实物图

常见的 ID 芯片有 EM 公司的 EM4100 及其兼容的 TK4001 系列、HID 系列和摩托罗拉系列产品等。目前，市场上使用较多的为前两种，其读取方法不尽相同。

EM4100 系列 ID 卡芯片可使用同一个公司配套的 EM4095 读卡芯片，方便读取其 ID 号。无源和免接触是该芯片两个最突出的特点，射频接口电路是关键的核心技术，它从读卡器接收射频能量，为芯片产生电源和时钟，并采用相移键控和加载调幅等技术实现卡与读卡器间的无线通信。

HID 系列卡有自己的加密协议和读取方法，并且不公开，所以 EM4095 读卡芯片无法读取其 ID 号，只能使用专用 HID 类读卡器。

3. ID 卡技术

开发平台采用主动串口方式接入模块，因此无须向模块发送命令，一次刷卡只输出一次卡号，卡片在天线区时不连续识别卡号。

串口(UART)协议具体如下：

UART 接口一帧的数据格式为：1 个起始位，8 个数据位，无奇偶校验位，1 个停止位。

数据格式：共 6 字节数据，高位在前，5 字节数据＋1 字节校验和(异或和)。

例如：卡号数据为 05 00 21 AF 6B E0，则输出为 0x05、0x00、0x21、0xAF、0x6B、0xE0，其中最后的字节是校验和字节，0xE0＝0x05^0x00^0x21^0xAF^0x6B，第一个字节 0x05 一般是厂家码，中间四个字节 0x00、0x21、0xAF、0x6B 是卡片的序列号。

一般卡片上会印刷十进制数，例如：0002207595033,44907。这个数据可以通过转换得到。将中间四个字节的卡号 0x0021AF6B 转换为十进制，即可得到 0002207595；将卡号的第二个字节 0x21 转换为十进制即可得到 033；将卡号最后两字节 0xAF6B 转换为十进制，即可得到 44907。卡放到模块天线区域时，模块会主动发出以上格式的卡号数据。

6.2　标签芯片

1. EM4100 简介

EM4100 是 EM 公司生产的只读型非接触 ID 卡芯片，典型频率为 125 kHz，内部固化 64 bit 数据，ID 卡一旦进入阅读器范围内，并与阅读器天线发出的载波耦合后，会将 64 bit 的数据不断发给阅读器，读卡过程如图 6-3 所示。EM4100 内部 64 bit 相关定义如图 6-4 所示。

Coil1：EM4100 芯片电路以一个处于交变磁场内的外部天线线圈为电能驱动，并经由线圈终端 COIL1 从该磁场得到它的适中频率。

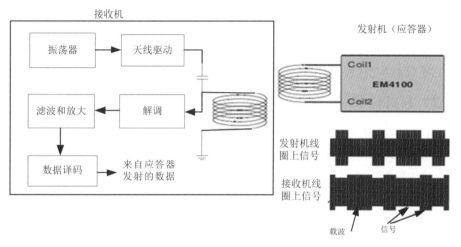

图 6-3 读卡过程

	1	1	1	1	1	1	1	1	1	同步头
版本信息					D00	D01	D02	D03	P0	
版本信息					D10	D11	D12	D13	P1	
ID卡号					D20	D21	D22	D23	P2	每行偶校验位
ID卡号					D30	D31	D32	D33	P3	每行偶校验位
ID卡号					D40	D41	D42	D43	P4	每行偶校验位
ID卡号					D50	D51	D52	D53	P5	每行偶校验位
ID卡号					D60	D61	D62	D63	P6	每行偶校验位
ID卡号					D70	D71	D72	D73	P7	每行偶校验位
ID卡号					D80	D81	D82	D83	P8	每行偶校验位
ID卡号					D90	D91	D92	D93	P9	每行偶校验位
					PC0	PC1	PC2	PC3	S0	
					列校验位	列校验位	列校验位	列校验位	停止位	

图 6-4 EM4100 内部 64 bit 相关定义

Coil2：由芯片内部调制器驱动，输出卡内信息。

2. EM4100 存储器组织及数据编码

在图 6-4 中，64 bit 数据共分为五部分，其含义如下。

（1）同步头：共由 9 个 1 组成，用于识别数据开始传送。

（2）版本信息和客户 ID：共由 D00～D13 中的 8 bit 组成，分别记录版本信息和客户 ID 号。

（3）数据位：共 32 bit，由 D20～D93 组成，用于存储 ID 卡号。

（4）校验位：P 为每一行数据的偶校验位，例如，P0 为 0 行校验位，即 D00～D03 4 bit 的偶校验位。PC 为每一列数据的偶校验位，例如，PC0 为 D00～D90 10 bit 的偶校验位。

（5）停止位：S0 为停止位。

每当 EM4100 将 64 个信息位传输完毕后，只要 ID 卡仍处于读卡器的工作区域内，它将再次按照图 6-3 所示顺序发送 64 位信息,如此重复,直至 ID 卡退出读卡器的有效工作区域。

行列校验码:行列校验码又称作水平垂直一致校验码或二维奇偶校验码,有时还被称为矩阵码。它不仅对水平(行)方向的码元,而且还对垂直(列)方向的码元实施奇偶校验。

6.3 EM4100 解码

对 EM4100 进行解码时,判断一帧完整数据的开始,需要判断同步头,因为数据中的行列校验会保证数据中不会连续出现 9 个 1。由于只要在阅读器范围内,EM4100 就会循环送出内部的 64bit 数据,并且最后一个停止位为数据 0。因此判断同步头的方法是当第一次读取数据时,遇到 0 至 1 的跳变开始计数,如果读到连续 9 个 1,则为同步头,从同步头往后可依次读取剩余的 bit 位。

EM4100 内部的 64 bit 数据采用时钟(典型频率为 125 kHz)64 分频的速率进行发送,每位 bit 的传送时间为:

$$(1\ \text{s}/125000\ \text{Hz}) \times 64\ \text{bit} = 512\ \mu\text{s} \tag{6-1}$$

数据采用曼彻斯特码编码,即每个 bit 被分为两位传输,每两个曼彻斯特码宽度为 512 μs,如表 6-1 所示。

表6-1 曼彻斯特码

源码	曼彻斯特码
1	10
0	01

例如:卡号为 2100A5EAD9 的卡片,其编码格式为:

1 1 1 1 1 1 1 1 1	9 个"1"的起始位,也叫头部
0 0 1 0 1	"2"
0 0 0 1 1	"1"
0 0 0 0 0	"0"
0 0 0 0 0	"0"
1 0 1 0 0	"A"
0 1 0 1 0	"5"
1 1 1 0 1	"E"
1 0 1 0 0	"A"
1 1 0 1 1	"D"
1 0 0 1 0	"9"
1 1 0 0 0	列偶校验和结束位"0"

6.4 EM4095

EM4095 是 EM 微电子公司生产的一款低频 AM 调制解调芯片,常用作低频 RFID 阅读器的模拟前端。

6.4.1 功能概述

EM4095 是一款 CMOS 芯片,与 MCU 的接口简单,在 RFID 阅读器中可用于天线驱动和调制解调。除此之外,还有如下几方面的特性:

(1) 内置的 PLL 锁相环可自适应天线谐振载波;
(2) 无需外部振荡器;
(3) 具有 100 kHz~150 kHz 载波频率范围;
(4) 数据发送采用 OOK(100%AM 调幅)方式,使用桥路激励器;

(5) 数据发送通过调幅方式,可使用单芯片通过外部调节;

(6) 睡眠模式电流为 1 μA;

(7) 兼容 USB 供电范围;

(8) 具有 40~85℃ 温度范围;

(9) 采用 SO16 封装。

EM4095 共有 16 个引脚,其芯片引脚图如图 6-5 所示。

EM4095 芯片的引脚定义如表 6-2 所示。

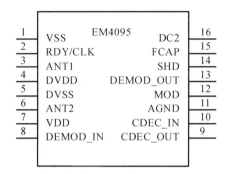

图 6-5 EM4095 芯片引脚图

表 6-2 EM4095 芯片的引脚定义

管 脚	名 称	功 能 描 述	信 号 类 型
1	VSS	电源地	地
2	RDY/CLK	就绪标志和时钟输出,AM 调幅驱动	输出
3	ANT1	天线驱动	输出
4	DVDD	天线驱动正电源	电源
5	DVSS	天线驱动负电源	地
6	ANT2	天线驱动	输出
7	VDD	正电源	电源
8	DEMOD_IN	天线探测电压	模拟信号
9	CDEC_OUT	DC 电容输出	模拟信号
10	CDEC_IN	DC 电容输入	模拟信号
11	AGND	模拟地	模拟信号
12	MOD	天线高电平调制	上拉输入
13	DEMOD_OUT	数字解调数据输出	输出
14	SHD	高电平驱动电流进入休眠态	上拉输入
15	FCAP	PLL 滤波电容	模拟信号
16	DC2	DC 去耦电容	模拟信号

6.4.2 EM4095 接口连接方法

使用 EM4095 芯片进行低频阅读器的设计可以参考图 6-6 进行，EM4095 和 MCU 的连接最简单的是使用 3 根线，如表 6-3 所示，这里的 MCU 可以根据实际的需求选择控制芯片。

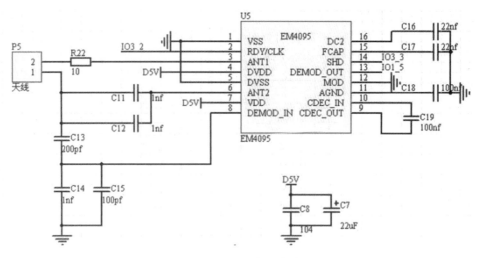

图 6-6　EM4095 接口电路

表6-3 EM4095和MCU连接

EM4095	MCU
RDY/CLK(PIN2)	IO3-2
DEMOD_OUT(PIN13)	IO1_5
SHD(PIN14)	IO3_3

EM4095 的引脚 SHD 和 MOD 用来操作设备。SHD 使用的方法如下。

（1）当 SHD 为高电平的时候，EM4095 为睡眠模式，电流消耗最小。在上电的时候，SHD 输入必须是高电平，让使能正确的初始化操作。

（2）当 SHD 为低电平的时候，回路允许发射射频场，并且开始对天线上的振幅调制信号进行解调。

引脚 MOD 是用来对 125 kHz 射频信号进行调制的。MOD 使用的方法如下。

（1）在该引脚上施加高电平时，将把天线驱动阻塞，并关掉电磁场。

（2）在该引脚上施加低电平时，将使片上 VCO 进入自由运行模式，天线上将出现没有经过调制的 125 kHz 的载波。

EM4095 用作只读模式，引脚 MOD 没有使用，推荐将它连接至 VSS。

锁相环模块由环滤波、电压控制振荡器和相比较模块组成。通过使用外部电容分压，DEMOD_IN 引脚上得到天线上真实的高电压。这个信号的相和驱动天线驱动器的信号的相进行比较。所以锁相环可以将载波频率锁定在天线的谐振频率上。根据天线种类的不同，系统的谐振频率可以在 100 kHz～150 kHz 的范围内。当谐振频率在这一范围内的时候，它就会被锁相环锁定。

接收模块解调的输入信号是天线上的电压信号。

DEMOD_IN 引脚也用作接收链路的输入信号。DEMOD_IN 输入信号的级别应该低于 VDD-0.5V，高于 VSS+0.5V。通过外部电容分压可以调节输入信号的级别。分压器增加的电容必须通过相对较小的谐振电容来补偿。振幅调制解调策略是基于"振幅调制同步解调"技术的。接收链路由采样和保持、直流偏置取消、带通滤波和比较器组成。DEMOD_

IN 上的直流电压信号通过内部电阻设置在 AGND 引脚上。AM 信号被采样,采样通过 VCO 时钟进行同步,所有的信号直流成分被 CDEC 电容移除。滤波把剩下的载波信号、二阶高通滤波器和 CDC2 带来的高频和低频噪声进一步移除。经过放大和滤波的接收信号传输到异步比较器,比较器的输出被缓存至 DEMOD_OUT。

RDY/CLK 这个信号为外部微处理器提供 ANT1 上信号的同步时钟以及 EM4095 内部状态的信息。ANT1 上的同步时钟表示 PLL 被锁定并且接收链路操作点被设置。当 SHD 为高电平时,RDY/CLK 引脚被置为低电平。当 SHD 上的电平由高转低时,PLL 为锁定状态,接收链路工作。经过时间 Tset 后,PLL 被锁定,接收链路操作点已经建立。这时候,传送到 ANT1 上的信号同时也传送至 RDY/CLK,提示微处理器可以开始观察 DEMOD_OUT 上的信号和与此同时的时钟信号。当 MOD 为高电平时,ANT 驱动器关闭,但此时 RDY/CLK 引脚上的时钟信号仍然在继续。当 SHD 引脚上的电平从高到低之后,经过时间 Tset 后,RDY/CLK 引脚上的信号被 100 kΩ 的下拉电阻拉低。这样做的原因是为了标签的 AM 调制低于 100% 情况下 RDY/CLK 的扩展功能能够被激发。在这种情况下它被用来作为辅助驱动器。该辅助驱动器在调制时使线圈上保持较低的振幅。

DVDD 和 DVSS 脚应该分别和 VDD 以及 VSS 连接。应该注意到,通过管脚 DVDD 和 DVSS 流过的驱动器电流造成的电压降不会引起 VDD 和 VSS 上的电压降。在 DVSS 和 DVDD 脚之间应该加一个 100 nF 的电容,并使其尽量靠近芯片。这将防止由于天线驱动器引起的电源尖峰。对管脚 VSS 和 VDD 进行隔离也是有用的。隔离电容不包含在 EM4095 的计算表中。所有和管脚 DC2/AGND/DMOD_IN 相关的电容都应该连接到相同的 VSS 线上。这条线应该直接和芯片上的管脚 VSS 相连。该线不能再连接其他元件或者成为 DVSS 供电线路的一部分。因为 ANT 驱动器使用 VDD 和 VSS 提供的电源的级别来为天线驱动,所有电源的变化和噪声都将毫无保留地直接影响天线谐振回路。任何将引起天线高压以毫伏级波动的电源波动都将导致系统性能下降甚至发生故障。特别要注意 20 kHz 的滤波器低频噪声,因为响应器的信号就在这个频率水平上。

AGND 管脚上的电容值可以从 220 nF 上升到 1 uF。电容越大将越明显地减小接收噪声。AGND 的电压可以通过外部电容和内部的 2 kΩ 的电阻进行滤波。

EM4095 不限制 ANT 驱动器发出的电流值。这两个输出上的最大绝对值是 300 mA。对天线谐振回路的设计应该使最大的尖峰电流不超过 250 mA。如果天线的品质因数很高,就很可能超过这个值,此时必须通过串联电阻加以限制。

增加 Cdc2 电容值,将增加接收带宽,进而增加斜坡信号的接收增益。Cdc2 的推荐范围是 6.8 nF~22 nF。Cdec 为 33 nF~220 nF。电容值越高,开始上升时间越长。

FCAP 引脚上的偏置电压补偿了外部天线驱动器引起的相位偏移。这样的相位偏移会导致锁相环在不是天线回路串联谐振频率的频率上工作。为了读头回路的正常操作,这个偏置电压需要根据天线的品质因数和输出部分的滞后来进行调节。在使用高品质因数天线回路并且增强是必需而且重要的应用产品中,会出现这样的对相位偏移的补偿。所以,这些回路比其他电路对在错误的频率上工作更加敏感。尽管使用了外部解调器,天线信号仍然要进入 EM4095。因为它要作为锁相环的参考信号。要使用一个电容分压来减小来自天线的高电压。电阻分压会加重由于输入电容带来的相移效应。

在 EM4095 BOOSTER CIRCUIT 中,一个高压 NMOS 三极管隔离了调制时的放电路径,所以操作点受到了保护。控制 NMOS 门的信号必须与 MOD 信号同步设为低电平,只有在天线上的振幅被调制恢复后该信号才可以置为高电平。对于高品质因数的天线,天线上的电压较高,读取灵敏性被电容分压器的解调灵敏性限制。通过使用外部检测回路可以提高读取灵敏性。输入取自天线的高压端,直接送入 CDEC_IN 引脚。可是,PLL 锁定仍需要电容分压器。

课后习题

1. 低频 ID 卡载波频率是多少?ID 卡技术的保密性如何?
2. 标签芯片 EM4100 内部的存储结构是什么样的?
3. 画出利用 EM4095 核 MCU 进行 ID 卡阅读器设计的接口电路框图。

第7章 高频阅读器的设计

高频 RFID 是 RFID 技术中的一种,工作频率为 13.56 MHz。在 13.56 MHz 频段中主要由 ISO 14443 和 ISO 15693 两个标准构成。高频 RFID 技术的国际标准有 ISO/IEC 14443(近耦合 IC 卡,最大读取距离为 10 cm)、ISO/IEC 15693(疏耦合 IC 卡,最大读取距离为 1 m)、ISO/IEC 18000-3(该标准定义了 13.56 MHz 系统的物理层协议、防冲撞算法和通信协议)、ISM Band Class 1(该标准定义了符合 EPC 的 13.56 MHz 频段的接口参数)。

ISO14443 一般称为 Mifare 1 系列产品,识别距离近,价格低且保密性好,常作为公交卡、门禁卡来使用。ISO15693 的最大优点在于识别效率高,通过较大功率的阅读器可将识别距离扩展至 1.5 m 以上,由于波长的穿透性好,在处理密集标签时优于超高频的读取效果。

这里介绍 Mifare 1 系列产品的电子标签技术和高频阅读器的设计技术,以及相关芯片的使用。

14443 TypeA 密耦合射频卡标准广泛应用在门禁、身份识别和电子钱包等领域。作为非接触式通信中高集成读写芯片的一员,MF RC531 支持所有的 14443A/MIFARF 标准。

7.1 概述

阅读器电路由单片机外围电路和标签读写芯片的高频接口电路构成,主要任务是控制射频模块向标签发射读取信号,并接收标签的应答,对标签的对象标识信息进行解码,将对象标识信息连带标签上其他相关信息传输到主机以供处理,同时对标签非接触式卡进行读写操作。这样就必须首先确定系统的工作频率,选择相应的电子标签和标签读写芯片,选择合适的单片机芯片,合理设计读卡器系统和上位机之间的通信接口电路,把确定的芯片和模块通过设计构成一个完整的射频卡读卡器系统。

RFID 系统工作频率的选择对一个系统来说,它的频段概念是指阅读器通过天线发送、接收并识读的标签信号频率范围。从应用概念来说,射频标签的工作频率也就是射频识别系统的工作频率,直接决定系统应用各方面的特性。

低频技术一直用于近距离的门禁管理。由于其信噪比较低,其识读距离受到很大限制,低频系统防冲撞性能差,多标签同时读取的速度慢,性能也容易受其他电磁环境影响。高频技术可以解决这些问题,可以快速和多标签同时读取。但是高频对可导媒介如液体、高湿和碳介质等的穿透性很差。所以高频常常被推荐应用在供应链管理上。超高频产品识读距离长,能够实现高速识读和多标签同时识读。但超高频对于金属等可导媒介完全不能穿透。

对于公路刷卡收费系统来说,一般都是驾驶人员持卡在公路出口计费,而且由公路管理人员辅助刷卡计费,因此阅读距离不需要长距离,只需高频即可满足要求,系统工作频率可以满足读写距离的要求。

电子标签的选择:电子标签通常以非接触式卡即射频卡这种类型居多,非接触式卡技术成熟、成本低廉。非接触式卡按照作用距离分类,目前有三种不同标准可供非接触式卡使用,见表 7-1。不同类型的卡,由于采用的通信协议不同,相应的射频读写芯片也不同。目前在中国的市场上,非接触式卡主要的厂商有中国的华宏、复旦的微电子等,其中基于公司芯片的产品在市场上占有绝对的优势。鉴于国内市场上遵循协议的芯片卡应用广泛,采用公司生产的射频读写芯片作为射频处理基站芯片。

表 7-1 非接触式卡标准

国际标准	卡类型	作用距离
ISO 10536	紧耦合	0～1 cm
ISO 14443	近耦合	0～10 cm
ISO 15693	疏耦合	0～1 m

7.2　Mifare 卡

Mifare 是 NXP Semiconductors（恩智浦半导体）拥有的商标之一。Mifare 卡是目前世界上使用量大、技术成熟、性能稳定、内存容量大的一种感应式智能射频 IC 卡。伴随着超过 50 亿张智能卡和 IC 卡以及超过五千万台读卡器的销售，Mifare 已成为全球大多数非接触式智能卡的技术选择，并且是自动收费领域最成功的平台。目前我们使用的射频 IC 卡普遍是 Mifare 的产品，常简称 M1 卡，下面我们来了解 Mifare 技术。

7.2.1　Mifare 卡的特点

Mifare 技术是 NXP（前身为飞利浦半导体）所拥有的 13.56 MHz 非接触性识别技术。NXP 并不制造卡片或卡片阅读机，而是在开放的市场上贩售相关技术与芯片，卡片和卡片阅读器的制造商再利用它们的技术来研发产品出售给一般使用者。

Mifare 技术经常被认为是一种智能卡技术，这是因为它可以在卡片上兼具读写的功能。事实上，Mifare 卡仅具备记忆功能，必须搭配阅读器才能达到读写功能。尽管接触性智能卡也能够执行同样的动作，但非接触性智能卡的速度更快且操作更简单，而且卡片阅读机几乎不需要任何维修，卡片也较为耐用。

Mifare 卡的电气特性如下：

（1）容量为 8K 位 EEPROM；

（2）分为 16 个扇区，每个扇区 4 块，每块 6 个字节，以块为单位；

（3）每个扇区有独立的一组密码及访问控制；

（4）每张卡有唯一的序列号，为 32 位；

（5）具有防冲突机制，支持多卡操作；

（6）无电源，自带天线内含加密控制逻辑和通信线路；

（7）工作温度：−20～50 ℃；

（8）工作频率：13.56 MHz；

（9）通信速率：106 Kb/s；

（10）读写距离：可达 10 mm（与读写器以及卡的天线尺寸有关）；

（11）数据保存期为 10 年，可改写 10 万次，读不限次数。

Mifare 卡除了保留接触式 IC 卡的原有优点外，还具有以下一些特点。

（1）操作简单、快捷。由于采用射频无线通信，使用时无须插拔卡及不受方向和正反面的限制，完成一次读写操作仅需 0.1 s，大大提高了每次使用的速度，既适用于一般场合，又适用于快速、高流量的场所。

（2）抗干扰能力强。Mifare 卡中有快速防冲突机制，在多卡同时进入读写范围内时，能有效防止卡片之间出现数据干扰，读写设备可一一对卡进行处理，提高了应用的并行性及系统工作的速度。

(3) 可靠性高。Mifare 卡与阅读器之间没有机械接触,避免了由于接触读写而产生的各种故障;而且卡中的芯片和感应天线完全密封在标准的 PVC 中,进一步提高了应用的可靠性和卡的使用寿命。

(4) 适合于一卡多用。Mifare 卡的存储结构及特点(大容量 16 分区、1024 字节),能应用于不同的场合或系统,有很强的系统应用扩展性,可以真正做到"一卡多用"。

7.2.2 Mifare 1 S50 卡的结构

Mifare 卡的主要芯片有 NXP Mifare 1 S50(存储器 1 KB)和 S70(存储器 4 KB)等。Mifare 1(简称 MF1)是符合 ISO/IEC 14443A 的非接触智能卡,其通信层(Mifare RF 接口)符合 ISO/IEC 14443A 标准的第 2 和第 3 部分,其安全层支持域检验的 CRYPTO1 数据流加密。

Mifare 卡把 1K 字节的容量分为 16 个扇区(Sector0~Sector15),每个扇区包括 4 个数据块(Block0~Block3,我们也将 16 个扇区的 64 个块按绝对地址编号为 0~63),每个数据块包含 16 个字节(Byte0~Byte15),64×16=1024。

Mifare S50 卡的技术特点如下。

(1) 卡片由一个卷绕天线和特定用途的集成电路模块组成。

(2) Mifare 卡有一个高速(106 KB 波特率)的 RF 接口。

(3) 内部有一个控制单元和一个 EEPROM(8 K 个 bit 位)。

(4) 阅读器向 MF1 卡发出一组固定频率(13.56 MHz)的电磁波,卡片内有一个 LC 串联谐振电路,其频率与阅读器发射的频率相同,在电磁波的激励下,LC 谐振电路产生共振,从而使谐振电容有了电荷。

(5) 在这个电容的另一端,接有一个单向导通的电子泵,将电容内的电荷送到模块存储电容内储存,当所积累的电荷达到 2 V 以上时,此电容可作为电源向模块电路提供工作电压,将卡内数据发射出去或接收阅读器的数据。

MF1 读写示意图如图 7-1 所示。

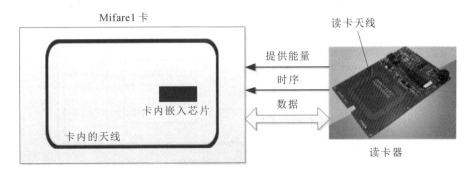

图 7-1 MF1 读写示意图

目前,市场上较常见的 MF1 S50 卡的主要性能指标如下。

(1) MifareRF 接口(ISO/IEC 14443A)。

(2) 非接触数据传输并提供能源(不需电池)。

(3) 工作距离:可达 100 mm(取决于天线的尺寸结构)。

(4) 工作频率:13.56 MHz。

(5) 快速数据传输:106 kb/s。

(6) 高度数据完整性保护:16 bitCRC、奇偶校验、位编码和位计数。

(7) 真正的防冲突。

(8) 典型票务交易:小于 100 ms(包括备份管理)。

(9) 1 KB EEPROM,分为 16 个区,每区 4 个块,每块 16 个字节。

(10) 用户可定义内存块的读写条件。

(11) 数据耐久性为 10 年。

(12) 写入耐久性可达 100 000 次。

(13) 相互三轮认证(ISO/IEC DIS9798-2)。

(14) 带重现攻击保护的射频通道数据加密。

(15) 每区(每个应用)两个密钥,支持密钥分级的多应用场合。

(16) 每卡一个唯一的序列号。

(17) 在运输过程中以传输密钥保护对 EEPROM 的访问权。

MF1 S50 集成电路芯片内含 1 KB EEPROM、RF 接口和数字控制单元。能量和数据通过天线传输,卡中天线为几匝线圈,直接连接到芯片上,不再需要额外的组件。Mifare 卡的结构如图 7-2 所示,各组件的功能简述如下。

(1) RF 射频接口:调制解调器检波器时钟发生器的上电复位稳压器。

(2) 防冲突:读写范围内的几张卡可以逐一选定和操作。

(3) 认证:在所有存储器操作之前进行认证,以保证必须通过各块指定的密钥才能访问该块。

(4) 控制逻辑单元:数值以特定的冗余格式存储,可以增减。

(5) EEPROM 接口:是与内部 EEPROM 的通信接口。

(6) 加密单元:域验证的 CRYPTO1 数据流加密,保证数据交换的安全。

(7) EEPROM:总容量为 1 KB,每区的最后一块称作"尾块",含有两个密钥和本区各块的读写条件。

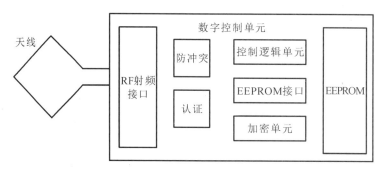

图 7-2　Mifare 卡的结构

7.2.3　Mifare 1 卡存储器组织

在 MF1 S50 卡中,1 KB EEPROM 存储器分为 16 个扇区,每区 4 块,每块 16 个字节。在擦除后的状态下,EEPROM 的单元读为逻辑"0",写后的状态下读为"1"。EEPROM 结构如图 7-3 所示。

1. 制造商占用块

制造商占用块是第 1 扇区的第 1 块(块 0),它含有集成电路制造商数据。出于安全和系统需求,此块是制造商在生产过程中编程后写保护的。制造商占用块的结构如图 7-4 所示。

扇区	块	块内字节序号																说明
		0	1	2	3	4	5	6	7	8	9	A	B	C	D	E	F	
0	0																	制造商占用块
	1																	数据块
	2																	数据块
	3	KEYA						控制位				KEYB						扇区 0 尾块
1	0																	数据块
	1																	数据块
	2																	数据块
	3	KEYA						控制位				KEYB						扇区 1 尾块
…		…																
14	0																	数据块
	1																	数据块
	2																	数据块
	3	KEYA						控制位				KEYB						扇区 14 尾块
15	0																	数据块
	1																	数据块
	2																	数据块
	3	KEYA						控制位				KEYB						扇区 15 尾块

图 7-3　EEPROM 结构

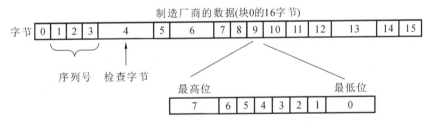

图 7-4　制造商占用块的结构

2. 数据块

各扇区均有 3 个 16 字节的块用于存储数据(扇区 0 只有两个数据块以及一个只读的厂商代码块)。数据块可以通过读写控制位设置为:

(1) 读写块:例如用于非接触式门禁管理。

(2) 数值块:可直接控制存储值的命令,如增值、减值。

其中,数值块具有电子钱包功能(有效命令包括 read、write、increment、decrement、restore、transfer)。数值块有固定的数据格式,以便于错误检测、纠错和备份管理。数值块中存储的数值和地址只能通过数值块格式的写操作生成。

数值和地址说明如下:

(1) 数值:有符号 4 字节数值。数值的最低字节存储在最低地址字节。负值以标准的 2 的补码形式存储。出于数据完整性考虑和安全原因,数值存储三次,两次不取反,一次取反。

(2) 地址(adr):1 字节地址,当进行备份管理时,可用于保存块的地址。地址保存四次,两次取反,两次不取反。在 increment、decrement、restore 和 transfer 操作中,地址保持不变。它只能通过 write 命令更改。

数值块的结构如图 7-5 所示。

字节号	15	14	13	12	11	10	9	8	7	6	5	4	3	2	1	0
内容	数值				数值				数值				adr	adr	adr	adr

图 7-5 数值块的结构

3. 尾块(块 3)

各扇区均有一个尾块,存有密钥 A 和 B(可选),读时返回逻辑"0"。

每个区的四个块的读写条件,存储在第 6～9 字节中。读写控制位也指定了数据块的类型(读写块或数值块)。如果不需要密钥 B,块 3 的最后 6 字节可以用作数据字节。尾块的字节 9 可用于用户数据。因为此字节享有与字节 6、7、8 相同的读写权限。尾块的结构如图 7-6 所示。

字节号	0	1	2	3	4	5	6	7	8	9	10	11	12	13	14	15
内容	密匙A						读写条件				密匙B(可选)					

图 7-6 尾块的结构

1) 读写条件

每个数据块和尾块的读写条件均由 3 个 bit 定义,并以非取反和取反形式保存在各个区的尾块中。读写控制位管理着使用密钥 A 和 B 读写存储器的权限。如果知道相关的密钥,并且当前读写条件允许,读写条件是可以更改的,读写条件说明如图 7-7 所示。

读写控制位	有效命令	块	说明
C13 C23 C33	read, write	3	尾块
C12 C22 C32	read, write, increment, decrement, transfer, restore	2	数据块
C11 C21 C31	read, write, increment, decrement, transfer, restore	1	数据块
C10 C20 C30	read, write, increment, decrement, transfer, restore	0	数据块

图 7-7 块的读写条件

2) 尾块的读写条件

对密钥和控制位的读写取决于尾块(块 3)的访问控制位,这些控制位存放在字节 6～8 中,以正值和反值的形式存放,分为"禁止""KEYA""KEYB"和"KEYA｜B(KEY A 或 KEY B)"。读写条件在尾块中的存储位置如表 7-2 所示。读写条件定义如表 7-3 所示。

由表 7-3 可知,尾块和 KEY A 被预定义为传输配置状态。因为在传输配置状态下 KEY B 可读,新卡必须用 KEY A 认证。由于访问控制位本身也可以禁止访问,所以操作时应当特别小心。

表 7-2 读写条件在尾块中的存储位置

	bit7	bit6	bit5	bit4	bit3	bit2	bit1	bit0
字节 6	C23	C22	C21	C20	C13	C12	C11	C10

	bit7	bit6	bit5	bit4	bit3	bit2	bit1	bit0
字节 7	C13	C12	C11	C10	C33	C32	C31	C30
字节 8	C33	C32	C31	C30	C23	C22	C21	C20
字节 9								

表 7-3 读写条件定义

访问控制位			所控制的访问对象						注 释
			KEY A		访问控制位		KEY B		
C1	C2	C3	读	写	读	写	读	写	
0	0	0	禁止	KEY A	KEY A	KEY B	KEY A	KEY A	KEY B 可读
0	1	0	禁止	禁止	KEY A	禁止	KEY A	禁止	KEY B 可读
1	0	0	禁止	KEY B	KEY A｜B	禁止	禁止	KEY B	
1	1	0	禁止	禁止	KEY A｜B	禁止	禁止	禁止	
0	0	1	禁止	KEY A	KEY A	KEY A	KEY A	KEY A	KEY B 可读 传输配置状态
0	1	1	禁止	KEY B	KEY A｜B	KEY B	禁止	KEY B	
1	0	1	禁止	禁止	KEY A｜B	KEY B	禁止	禁止	
1	1	1	禁止	禁止	KEY A｜B	禁止	禁止	禁止	

3）数据块的访问控制条件

对数据块（块 0 至 2）的读写访问取决于其访问控制位，分为"禁止""KEY A""KEY B"和"KEY A｜B"。相关访问控制位的设置决定了其用途以及相应的可用命令。

(1) 读写块：允许读、写操作。

(2) 数值块：运行另外的数值操作，如加值、减值、转存和恢复。在用于非充值卡的一种情况（"001"）下，只能够读和减值。在另一种情况（"110"）下，可以用 KEY B 充值。

(3) 制造厂商块：只读，不受访位控制位设置的影响。

(4) 密钥管理：在传输配置状态下，必须用 KEY A 认证。

数据块的访问控制条件如表 7-4 所示。

如果相应扇区尾块 KEY B 可读，则不得用作认证。

表 7-4 数据块的访问控制条件

访问控制位			所控制的访问对象				用 途
C1	C2	C3	读	写	加值	减值 转存 恢复	
0	0	0	KEY A｜B	KEY A｜B	KEY A｜B	KEY A｜B	传输配置状态
0	1	0	KEY A｜B	KEY B	禁止	禁止	读写块
1	0	0	KEY A｜B	禁止	禁止	禁止	读写块
1	1	0	KEY A｜B	KEY B	KEY B	KEY A｜B	数值块

续表

访问控制位			所控制的访问对象				用途
C1	C2	C3	读	写	加值	减值 转存 恢复	
0	0	1	KEY A｜B	禁止	禁止	KEY A｜B	数值块
0	1	1	KEY B	KEY B	禁止	禁止	读写块
1	0	1	KEY B	禁止	禁止	禁止	读写块
1	1	1	禁止	禁止	禁止	禁止	读写块

7.2.4　Mifare卡读写

读写Mifare卡的命令由阅读器发出,按照读写流程通过防碰撞和认证才能真正对卡片进行操作,其操作如图7-8所示。

1. 呼叫(request standard/all)

卡片一旦进入阅读器范围内(能量场内),就会接收到高频载波并进行充电。卡片上电复位后,如果收到阅读器发来的request命令,则通过发送应答码ATQA(符合ISO/IEC 14443A)回应阅读器,阅读器向天线范围内所有卡发出request命令。

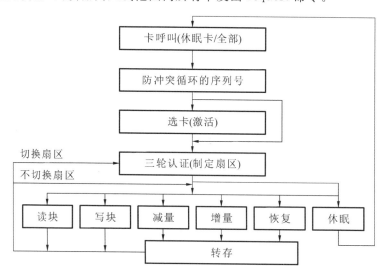

图7-8　Mifare卡读写流程

2. 防碰撞循环(anticollision loop)

在防碰撞循环中,可以读回一张卡的序列号。如果在阅读器的工作范围内有几张卡,则它们可以通过唯一的序列号区分开来,并可选定以进行下一步交易。未被选定的卡转入待命状态,等候阅读器发出新的request命令。

3. 选卡(select card)

选择的目的是从一张PICC卡得到UID,并且把此卡选中建立后续的通信。阅读器通过select card命令选定一张卡进行认证存储器的相关操作。该卡返回选定应答码(ATS=08h),明确所选卡的卡型。

4. 三轮认证（3 pass authentication）

选卡后，阅读器指定后续读写的存储器位置，并用相应密钥进行三轮认证。认证成功后，所有的存储器操作都是加密的。三轮认证流程具体如下。

（1）读写器指定要访问的区，并选择密钥 A 或 B。

（2）卡从位块读取密钥和访问条件，然后，卡向读写器发送随机数（第一轮）。

（3）读写器利用密钥和随机数计算回应值。回应值连同读写器的随机数，发送给卡（第二轮）。

（4）卡通过与自己的随机数比较，验证读写器的回应值，再计算回应值并发送（第三轮）。

（5）读写器通过比较，验证卡的回应值。

在第一个随机数传送之后，卡与读写器之间的通信都是加密的。安全认证中的三轮认证采用符合 ISO 9798-2 的协议，以保证其安全性。

5. 存储器操作

经过三轮认证后，阅读器可对卡片执行下列操作：

（1）读数据块；

（2）写数据块；

（3）减量：减少数据块内的数值，并将结果保存在临时内部数据寄存器中；

（4）增量：增加数据块内的数值，并将结果保存在数据寄存器中；

（5）恢复：将数据块内容移入数据寄存器；

（6）转存：将临时内部数据寄存器的内容写入数值块。

6. 数据完整性

在阅读器和卡之间的非接触通信链接中实施下列机制，以保证数据传输的可靠性：

（1）每块 16 bit CRC；

（2）每字节的奇偶位；

（3）位计数检查；

（4）位编码，以区分"1""0"和无信息；

（5）通道监控（协议序列和位流分析）。

 ## 7.3 NXP 射频接口芯片 RC531

MF RC531（简称 RC531）是应用于 13.56 MHz 非接触式通信中高集成度读写卡系列芯片中的一员。它是 NXP 公司针对"三表"应用推出的一款低电压、低成本、体积小的非接触式读写卡芯片，是智能仪表和便携式手持设备研发的较好选择。

从表 7-5 中可看出，RC 系列芯片的最大区别是支持的通信协议以及与单片机的接口方式不同。RC500、RC400 和 RC530 支持的协议比较单一，RC632 支持的协议最全。

MF RC531 芯片可同时支持 A 型（Type A）和 B 型（Type B）卡，是 RFID 读卡器的首选芯片。该读写卡芯片系列利用了先进的调制和解调概念，完全集成了在 13.56 MHz 下所有类型的被动非接触式通信方式和协议，芯片管脚兼容 MF RC500、MF RC530 和 SL RC400。

表 7-5 NXP 射频芯片特性对比

芯片型号	RC400	RC500	RC530	RC531	RC632
支持协议	ISO 15693 ICODE1	ISO 14443A CRYPTO1	ISO 14443A CRYPTO1	ISO 14443A/B CRYPTO1	ISO 14443A CRYPTO1 ISO 15693 ICODE1

续表

芯片型号	RC400	RC500	RC530	RC531	RC632
最大读写距离	100 mm	100 mm	100 mm	100 mm	100 mm
与单片机接口	并口	并口	并口/SPI	并口/SPI	并口/SPI

设计 RFID 读卡器,需重点考虑两点:一是熟悉 RC531 芯片资料,如芯片的外围电路如何搭建,寄存器如何配置;二是天线设计,如天线的大小,阻抗是否匹配,抗干扰性是否足够。只有这两点都考虑完善,才能设计出性能优越的 RFID 读卡器。

7.3.1 MF RC531 功能框图

MF RC531 支持 ISO/IEC 14443A/B 的所有层和 MIFARE 经典协议,以及与该标准兼容的标准协议,支持高速 MIFARE 非接触式通信波特率。内部的发送器部分不需要增加有源电路就能够直接驱动近操作距离的天线(可达 100 mm)。接收器部分提供一个坚固而有效的解调和解码电路,用于处理 ISO 14443A 兼容的应答器信号。数字部分处理 ISO 14443A 帧和错误检测。

此外,RC531 还支持快速 CRYPTO1 加密算法,用于验证 Mifare 系列产品。MF RC531 支持 Mifare 更高速的非接触式通信,双向数据传输速率高达 424 kb/s。可根据不同的用户需求,选取 SPI、I^2C 或串行 UART(类似 RS232)模式之一,有利于减少连线,缩小 PCB 板体积,降低成本。这样给读卡器/终端的设计提供了极大的灵活性。

并行接口自动检测连接的位并行接口的类型如图 7-9 所示,它包括一个双向正缓冲区和一个可设置的中断输出,可以灵活地与各种 MCU 连接。带 FIFO 的 SPI 从机接口,其串行时钟 SCK 由主机提供。

数据处理部分进行帧数据的并行-串行转换,它支持帧错误检验(CRC 和奇偶校验)。它以完全透明的模式进行操作,因而支持 ISO 14443A 的所有层。

状态和控制部分允许对器件进行配置以适应环境并使性能调节到最佳状态。

当与 MIFARE Standard 和 MIFARE 产品通信时,使用高速 CRYPTO1 流密码单元和一个可靠的非易失性密匙存储器。

模拟电路包含射频接收器和发送器。发送器可以直接驱动最高达距离的天线。接收器接收来自符合协议卡的信号,进行解调译码。

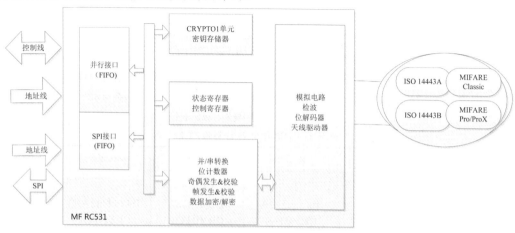

图 7-9 功能框图

MF RC531 的其他特性如下：

(1) 高集成度的调制解调电路；
(2) 采用少量外部器件，即可将输出驱动级接至天线；
(3) 最大工作距离 100 mm；
(4) 支持 ISO/IEC 14443 A/B 和 MIFARE 经典协议；
(5) 支持非接触式高速通信模式，波特率可达 424 kb/s；
(6) 采用 CRYPTO1 加密算法并含有安全的非易失性内部密匙存储器；
(7) 管脚兼容 MF RC500、MF RC530 和 SL RC400；
(8) 与主机通信有两种接口：并行接口和 SPI，可满足不同用户的需求；
(9) 自动检测微处理器并行接口类型；
(10) 灵活的中断处理；
(11) 64 字节发送和接收 FIFO 缓冲区；
(12) 带低功耗的硬件复位；
(13) 可编程定时器；
(14) 唯一的序列号；
(15) 用户可编程初始化配置；
(16) 面向位和字节的帧结构；
(17) 数字、模拟和发送器部分经独立的引脚分别供电；
(18) 内部振荡器缓存器连接 13.56 MHz 石英晶体；
(19) 数字部分的电源(DVDD)可选择 3.3 V 或 5 V；
(20) 在短距离应用中，发送器(天线驱动)可以用 3.3 V 供电。

MF RC531 适用于各种基于 ISO/IEC 14443 标准，并且要求低成本、小尺寸、高性能以及单电源的非接触式通信的应用场合。

7.3.2 管脚描述

MF RC531 共有 32 个管脚，其管脚示意图如图 7-10 所示。

器件使用了 3 个独立的电源以实现在 EMC 特性和信号解耦方面达到最佳性能。MF RC531 具有出色的 RF 性能，并且模拟和数字部分可适应不同的操作电压。

1. 天线与振荡器管脚

13.56 MHz 晶振通过快速片内缓冲区连接到 OSCIN 和 OSCOUT。如果器件采用外部时钟，可从 OSCIN 输入。天线拾取的信号经过天线匹配电路送到 RX 脚。MF RC531 内部接收器对信号进行检测和解调并根据寄存器的设定进行处理，然后数据发送到并行接口由微控制器进行读取。MF RC531 的天线、晶振管脚描述如表 7-6 所示。

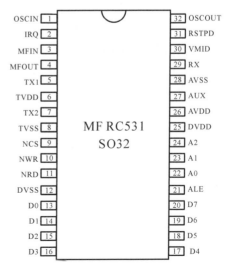

图 7-10　MF RC531 芯片管脚示意图

表 7-6　天线、晶振管脚描述

管脚名称	功能	类型
TX1，TX2	天线驱动器	输出缓冲
VMID	参考电压	模拟
RX	天线输入信号	模拟输入
OSCIN	振荡器输入	13.56 MHz 晶振通过这 2 个管脚引入
OSCOUT	振荡器输出	

2. 电源管脚

MF RC531 对驱动部分使用单独电源供电。为了实现最佳性能，MF RC531 的模拟部分也使用单独电源。它对振荡器、模拟解调器和解码器电路供电。MF RC531 数字部分使用单独电源。电源管脚描述如表 7-7 所示。

表 7-7　电源管脚描述

管脚名称	功能	类型
TVDD	发送器电源电压	电源
TVSS	发送器电源地	电源
AVDD	模拟部分电源电压	电源
AVSS	模拟部分电源地	电源
DVDD	数字部分电源电压	电源

3. MIFARE 接口管脚

MF RC531 支持 MIFARE 有源天线。它可以处理管脚 MFIN 和 MFOUT 处的 MIFARE 核心模块的基带信号。MIFARE 接口管脚描述如表 7-8 所示。

表 7-8　MIFARE 接口管脚描述

管脚名称	类型	功能
MFIN	带施密特触发器的输入	MIFARE 接口输入
MFOUT	输出	MIFARE 接口输出

4. 并行接口管脚

表 7-9 列出的 16 个管脚用于控制并行接口。

表 7-9　并行接口管脚描述

名称	类型	功能
D0～D7	带施密特触发器的 I/O	双向数据总线
A0～A2	带施密特触发器的 I/O	地址线
NWR/RNW	带施密特触发器的 I/O	写或读、写选择线
NRD/NDS	带施密特触发器的 I/O	读或数据选通线
NCS	带施密特触发器的 I/O	片选
ALE	带施密特触发器的 I/O	地址锁存使能
IRQ	输出	中断请求

5. SPI 兼容接口管脚

4 线 SPI 接口管脚描述如表 7-10 所示。

表 7-10 SPI 接口管脚描述

名 称	类 型	功 能
A0	带施密特触发器的 I/O	MOSI
A2	带施密特触发器的 I/O	SCK
D0	带施密特触发器的 I/O	MISO
ALE	带施密特触发器的 I/O	NSS

6. 复位管脚

复位管脚 RSTPD 禁止了内部电流源和时钟并使 MF RC531 从微控制器总线接口脱开。如果 RSTPD 被释放，MF RC531 执行上电时序。

7.3.3 与 MCU 接口电路连接

整个读卡模块由三大部分组成。读卡模块主要提供对射频基站芯片的控制操作，同时提供接口形式的外部控制。射频基站芯片负责接收主控的控制信息，并完成与卡的通信操作。为了正常工作，射频基站芯片须选用合适的接口与连接。而为了发送、接收稳定的高频信号，射频基站芯片要通过高频滤波电路与天线部分连接。天线部分包括线圈及匹配电路，这是读卡模块实现射频通信必不可少的。读卡模块要依靠天线产生的磁通量为卡提供电源，从卡获取信息。为使天线正常工作，天线线圈要通过无源的匹配电路连接射频基站芯片的天线引脚。该模块的核心即由对射频基站芯片的控制，使用串口或者 SPI 接口将数据发送给系统主控，如图 7-11 所示。

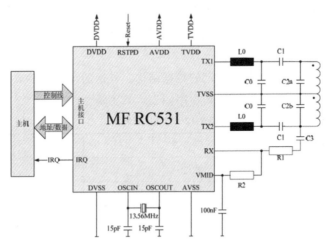

图 7-11 应用连接示意图

下面使用具体的 MCU 芯片 STM8S105K 和 RC531 读卡芯片连接，其电路图如图 7-12 所示，在这个实例中天线采用分离的天线，插在 P3 接口上，MCU 和 RC531 通信采用 SPI 接口。

1. MCU 通信接口

在每次上电或硬件复位后，RC531 也复位其接口模式并检测当前微处理器的接口类型。

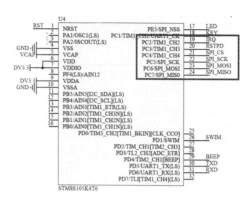

图 7-12　STM8 与 RC531 连接电路图

MF RC522 在复位后根据控制脚的逻辑电平识别微处理器接口。这是由固定管脚连接的组合和一个专门的初始化程序来实现的,其所有通信接口如表 7-11 所示。

在图 7-12 中,RC531 与 MCU 连接的端口为 SPI 口,其他接口可参考相关资料。兼容 SPI 接口可使能 RC531 和一个 MCU 之间的高速串行通信。兼容 SPI 接口的处理与标准 SPI 接口相同。

在 SPI 通信中,RC531 作从机,SPI 时钟 SCK 由主机产生。

数据通过 MOSI 线从主机传输到从机。数据通过 MISO 线从 RC531 发回主机。

MOSI 和 MISO 传输每个字节时都是高位在前。MOSI 上的数据在时钟的上升沿保持不变,在时钟的下降沿改变。MISO 与之类似,在时钟的下降沿,MISO 上的数据由 RC531 来提供,在时钟的上升沿数据保持不变。

表7-11　通信接口连接

MF RC531	STM8S105K
IRQ	PC2
RSTPD	PC3
SPI_CS	PC4
SPI_SCK	PC5
SPI_MOSI	PC6
SPI_MISO	PC7

2. 读数据

通过 SPI 接口读出数据需要有特定的数据结构。发送的第一个字节定义了模式本身和地址,也可连续读出多个地址的数据,其顺序如表 7-12 所示。

表 7-12　读数据顺序

	字节 0	字节 1	字节 2	…	字节 n	字节 $n+1$
MOSI	地址 0	地址 1	地址 1	…	地址 1	00
MISO	X	数据 0	数据 1	…	数据 $n-1$	数据 n

3. 写数据

通过 SPI 接口写入数据需要有特定的数据结构。发送的第一个字节定义了模式本身和地址,也可连续读出多个地址的数据,其顺序如表 7-13 所示。

表 7-13　写数据顺序

	字节 0	字节 1	字节 2	…	字节 n	字节 $n+1$
MOSI	地址	数据 0	数据 1	…	数据 $n-1$	数据 n
MISO	X	X	X	…	X	X

4. 地址字节

地址字节按特殊格式传输,第一个字节的 MSB 位设置使用的模式如下:

(1) MSB 位为 1 时从 RC531 读出数据。

(2) MSB 位为 0 时将数据写入 RC531。

第一个字节的位[6:1]定义地址,最后一位应当设置为 0。其位含义如表 7-14 所示。

表 7-14 地址字节位含义

地址(MOSI)	位 7,MSB	位 6~位 1	位 0
字节 0	1(读)0(写)	地址	RFU(0)

7.3.4 天线电路设计

RFID 读卡器天线用于在读卡器和电子标签之间传递电源和信息。天线和芯片的阻抗匹配设计相当重要。

目前,有两种方式将天线线圈连接到 RFID 读卡器的输出端,如图 7-13 和图 7-14 所示。当频率在 135 kHz 以下时,可通过匹配电路直接将天线线圈连接到功率输出级。当频率超过 135 kHz,且天线与读卡器的距离较远时,如仍简单使用非屏蔽双绞线来作为数据传输通道,则受双绞线辐射影响,读卡器性能较差。为避免这个问题,需使用屏蔽电缆,即同轴电缆来连接 RFID 读卡器和天线。

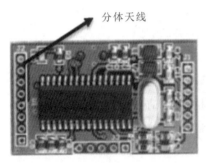

图 7-13 天线和读卡器分离模式

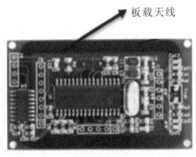

图 7-14 天线和读卡器一体模式

天线性能的好坏由品质因数 Q 衡量。品质因数 Q 越大,天线线圈中的电流越大。但品质因数 Q 过大,也会影响电子标签接收到的信号质量。因此,品质因数 Q 需根据实际使用情况来选择最佳值。

天线电路图如图 7-15 所示。

天线和读卡器分离模式,需外加天线才能正常工作。天线与读卡器一体模式,则可直接使用。

7.3.5 RC531 基本操作

RC531 是一款高度集成的 RFID 读写芯片,还需要配合 MCU 和其他外围电路才能真正地实现阅读器的功能。

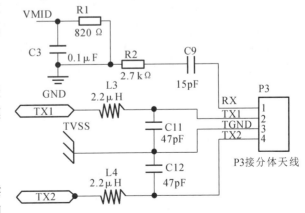

图 7-15 天线电路图

1. RC531 寄存器

RC531 的存储器中共有 4 页（PAGE）存放寄存器，用于配置和相关状态指示，详细定义如表 7-15 所示。

表 7-15　RC531 寄存器

页	地址(hex)	寄存器名	功　能
页 0：命令和状态	0	Page	寄存器读写时用于选择页
	1	Command	命令执行寄存器，将要执行的命令写入该寄存器，就会执行
	2	FIFOData	64 字节 FIFO 缓冲区寄存器，可以直接读写
	3	PrimaryStatus	接收器和发送器以及 FIFO 缓冲区状态标志
	4	FIFOLength	FIFO 缓冲区字节数
	5	SecondaryStatus	接收中断标志的具体中断标志
	6	InterruptEn	中断使能寄存器，第 7 位置 1 时，其他位才可能置 1
	7	InterruptRq	中断标志位，标志位要清零时，SetIRq 置 0，同时将要清零的位置 1，就可以清除该中断标志位了，例如向寄存器写 0x3f 就是寄存器清零
页 1：控制和状态	8	Page	选择寄存器页
	9	Control	RC531 电源、加密算法定时器开关，FIFO 清除控制寄存器
	A	ErrorFlag	命令执行错误标志位
	B	CollPos	RF 接口检测到第一个冲突位的位置
	C	TimerValue	定时器计数的当前值
	D	CRCResultLSB	CRC 校检结果的低字节
	E	CRCResultMSB	CRC 校验结果的高字节
	F	BitFraming	位方式帧调节寄存器
页 5：FIFO 定时器和 IRQ 脚配	28	Page	选择寄存器页
	29	FIFOLevel	定义 FIFO 上溢和下溢警告界限
	2A	TimerClock	选择定时器时钟的分频器，即设置定时器的时钟频率
	2B	TimerControl	选择定时器的起始和停止条件
	2C	TimerReload	定义定时器的预装值
	2D	IRQPinConfig	配置 IRQ 脚的输出状态
	2E	PreSet2E	该值不会改变
	2F	PreSet2F	该值不会改变

2. RC531 基本指令

RC531 有 14 种基本指令集，以实现不同方式的数据传输，其指令代码及含义如表 7-16 所示。

表 7-16　指令代码及含义

基本指令	指令代码	含　　义
Request Std	0x26	寻天线区内未进入休眠状态的卡

基本指令	指令代码	含 义
Request All	0x52	寻天线区内全部卡
AntiCollision2	0x95	防冲撞
AntiCollision1	0x93	防冲撞
Authentication_A	0x60	验证 A 密钥
Authentication_B	0x61	验证 B 密钥
Read	0x30	读块
Write	0xa0	写块
Write4	0xa2	写四字节
Increment	0xc1	加
Destore	0xc0	减
Restore	0xc2	调块数据到缓冲区
Transfer	0xb0	传送数据
No Command	0x50	休眠

3. 举例说明 RC531 操作方法

1）基本操作方法

通过写寄存器，一般两字节操作，addr+data。和卡的数据交互，写数据到 RC531 的 FIFO 寄存器。例如：

cs 选中，addr 写+data1+data2+…+dataN，cs 释放；

cs 选中，cmd-reg+0x1e（发送接收命令）+cs 释放；

cs 选中，addr 读，读出 n 字节，cs 释放。

2）寻卡操作步骤

使用寻卡命令 0x52（对所有卡包括 halt 的卡有效），0x26（对 standby 的卡有效），数据长度 1 字节，返回 2 字节。返回 2 字节是卡的类型：

0x04：CARD_S50；

0x44：UL 卡；

0x08：CPU 卡；

0x03：SHUL 卡。

3）防冲撞流程

先使用命令 0x93,0x20，返回 5 字节,4 字节卡号+1 字节异或校验。

例：RC531 发 0x93,0x20；收 0x88,0x4,0x4b,0x7,0xc0。卡号为 0x88,0x4, 0x4b,0x07。

4）选卡

先使用命令 0x93,0x70 + 4 字节卡号 + 卡号异或校验，返回 1 字节 SAK。

例：RC531 发 0x93,0x70,0x88,0x4,0x4b,0x7,0xc0,返回 0x04。

7.4 高频 RFID 阅读器程序设计

高频 RFID 阅读器程序的主要工作是能够操作 RC531，并按照 Mifare 卡的规则和流程对 MF1 卡进行读写和验证。一般分为三部分：初始化程序、驱动程序和主程序。

7.4.1 初始化程序

初始化程序用于各种管脚和器件的初始化，以便能够正常进行解码，上电初始化就是做 SPI 接口确认。下述内容用于实现编写 RC531 的初始化程序。基于模块化和移植的考虑，可将本例中初始化子程序单独封装成子函数 MFRC531_Init()。

初始化程序步骤具体如下：

(1) 给 RC531 的 RSTPD 脚一个高电平脉冲至少 100 μs，热复位 RC531；

(2) 读 command-reg 直到寄存器数值为 0，表示芯片上电初始化完成；

(3) 写 0x80 到 page-reg，让芯片开始处理接口时序；

(4) 读 command-reg 直到寄存器数值为 0，表示芯片接口时序初始化完成；

(5) 此时可以写 0x00 到 page-reg，指定寄存器地址模式为线性地址模式。

```
// RC531 初始化,上电后需要延时 500ms
signed char MFRC531_Init(void)
{
    signed char status = MI_OK;
    signed char n = 0xFF;
    unsigned int i = 3000;
GPIO_Init(MFRC531_CS_PORT, MFRC531_CS_PIN, GPIO_MODE_OUT_PP_HIGH_FAST);   // CS - PC4
    MFRC531_SPI_DIS();// RST - PC3
GPIO_Init(MFRC531_RST_PORT, MFRC531_RST_PIN, GPIO_MODE_OUT_PP_HIGH_FAST);

    // IRQ - PC2
    //GPIO_Init(MFRC531_IRQ_PORT, MFRC531_IRQ_PIN, GPIO_MODE_IN_FL_IT);
    //EXTI_DeInit();
    //EXTI_SetExtIntSensitivity(EXTI_PORT_GPIOC, EXTI_SENSITIVITY_RISE_ONLY);
     MFRC531_RST_EN();// RST MFRC531
    delay_ms(10);
    MFRC531_RST_DIS();
    delay_ms(100);
    SPI_Config();
    delay_ms(10);
while (i! = 0 && n)
    {
        n = MFRC531_ReadReg(RegCommand);
        i--;
    }
    if (i ! = 0)
    {
        MFRC531_WriteReg(RegPage1,0x80);
        n = 0x80;
        while ( (i! = 0) && (n&0x80) )
        {
            n = MFRC531_ReadReg(RegCommand);
```

```
            i--;
        }
        if (i= = 0 || (n&0xFF))
        {   status = MI_RESETERR;   }
    }
    else
    {
        status = MI_RESETERR;
    }
    if (status = = MI_OK)
    {
        MFRC531_WriteReg(RegPage1,0x0);
    }
    return status;
}
```

7.4.2 驱动程序

驱动程序是 RC531 能够正确解码的相关读写、命令设置等函数。

1. 寄存器读函数

```
unsigned char MFRC531_ReadReg(unsigned char addr) // 读寄存器
{
    unsigned char SndData;
    unsigned char ReData;

    // 处理第一个字节,bit7:MSB= 1,bit6～1:addr,bit0:0
    SndData = (addr << 1);
    SndData |= 0x80;
    SndData &= 0xFE;

    MFRC531_SPI_EN();
    SPI_RWByte(SndData);
    ReData = SPI_RWByte(0x00);
    MFRC531_SPI_DIS();

    return ReData;
}
```

2. 寄存器写函数

```
void MFRC531_WriteReg(unsigned char addr, unsigned char data) // 写寄存器
{
    unsigned char SndData;

    // 处理第一个字节,bit7:MSB= 0,bit6～1:addr,bit0:0
    SndData = (addr << 1);
    SndData &= 0x7E;
```

```c
    MFRC531_SPI_EN();
    SPI_RWByte(SndData);
    SPI_RWByte(data);
    MFRC531_SPI_DIS();
}
```

3. 置 RC531 寄存器位

```c
void MFRC531_SetBitMask(unsigned char addr,unsigned char mask)
{
    unsigned char temp;
    temp = MFRC531_ReadReg(addr);
    MFRC531_WriteReg(addr, temp | mask); // RC531 寄存器位置 1
}
```

4. 清 RC531 寄存器位

```c
void MFRC531_ClearBitMask(unsigned char addr,unsigned char mask)
{
    unsigned char temp;
    temp = MFRC531_ReadReg(addr);
    MFRC531_WriteReg(addr, temp & ~mask);   // 清 RC531 寄存器位
}
```

5. 缓冲区操作

```c
unsigned char MFRC531_ClearFIFO(void)
{
    unsigned char i;
        MFRC531_SetBitMask(RegControl, 0x01); //清空缓冲区
        delay_us(100);
        // 判断 FIFO 是否被清除
    i = MFRC531_ReadReg(RegFIFOLength);
        if(i == 0)
        return 1;
    else
        return 0;
}
unsigned char MFRC531_ReadFIFO(unsigned char * Send_Buf)    //读缓冲区
{
    unsigned char len, i;

    len = MFRC531_ReadReg(RegFIFOLength);

    for(i = 0;i < len; i++)
        Send_Buf[i] = MFRC531_ReadReg(RegFIFOData);
        return len;
}
void MFRC531_WriteFIFO(unsigned char * Send_Buf,unsigned char Length) //写缓冲区
```

```c
{
    unsigned char i;
        for(i = 0; i < Length; i++ )
            MFRC531_WriteReg(RegFIFOData, Send_Buf[i]);
}
```

6. 设置 RC531 工作方式

```c
signed char MFRC531_CfgISOType(unsigned char type)
{
  if (type = = 'A')                        //ISO14443_A
  {
        MFRC531_ClearBitMask(RegControl,0x08);

        MFRC531_WriteReg(RegClockQControl,0x0);
        MFRC531_WriteReg(RegClockQControl,0x40);
        delay_us(100);              // wait approximately 100 us - calibration in progress
        MFRC531_ClearBitMask(RegClockQControl,0x40);

        MFRC531_WriteReg(RegTxControl,0x5b);
        MFRC531_WriteReg(RegCwConductance,0x0F);
        MFRC531_WriteReg(RegModConductance,0x3F);
        MFRC531_WriteReg(RegCoderControl,0x19);
        MFRC531_WriteReg(RegModWidth,0x13);
        MFRC531_WriteReg(RegModWidthSOF,0x00);
        MFRC531_WriteReg(RegTypeBFraming,0x00);

        MFRC531_WriteReg(RegRxControl1,0x73);
        MFRC531_WriteReg(RegDecoderControl,0x08);
        MFRC531_WriteReg(RegBitPhase,0xAD);
        MFRC531_WriteReg(RegRxThreshold,0xAA);
        MFRC531_WriteReg(RegBPSKDemControl,0);
        MFRC531_WriteReg(RegRxControl2,0x41);

        MFRC531_WriteReg(RegRxWait,0x06);
        MFRC531_WriteReg(RegChannelRedundancy,0x0F);
        MFRC531_WriteReg(RegCRCPresetLSB,0x63);
        MFRC531_WriteReg(RegCRCPresetMSB,0x63);
        MFRC531_WriteReg(RegTimeSlotPeriod,0x00);
        MFRC531_WriteReg(RegMfOutSelect,0x00);
        MFRC531_WriteReg(RFU27,0x00);

        MFRC531_WriteReg(RegFIFOLevel,0x3F);
        MFRC531_WriteReg(RegTimerClock,0x07);
        MFRC531_WriteReg(RegTimerReload,0x0A);
```

```c
    MFRC531_WriteReg(RegTimerControl,0x06);
    MFRC531_WriteReg(RegIRqPinConfig,0x02);
    MFRC531_WriteReg(RFU2E,0x00);
    MFRC531_WriteReg(RFU2F,0x00);


    MFRC531_SetTimer(106);
    delay_ms(1);
    MFRC531_OpenAnt();

}
else if (type = = 'B')      //ISO14443_B
{
    MFRC531_ClearBitMask(RegControl,0x08);
    MFRC531_WriteReg(RegClockQControl,0x0);
    MFRC531_WriteReg(RegClockQControl,0x40);
    delay_us(100);
    MFRC531_ClearBitMask(RegClockQControl,0x40);
    MFRC531_WriteReg(RegTxControl,0x4B);
    MFRC531_WriteReg(RegCwConductance,0x17);
    MFRC531_WriteReg(RegModConductance,0x06);
    MFRC531_WriteReg(RegCoderControl,0x20);
    MFRC531_WriteReg(RegModWidth,0x13);
    MFRC531_WriteReg(RegModWidthSOF,0x3F);
    MFRC531_WriteReg(RegTypeBFraming,0x3B);
    MFRC531_WriteReg(RegRxControl1,0x73);
    MFRC531_WriteReg(RegDecoderControl,0x19);
    MFRC531_WriteReg(RegBitPhase,0xAD);
    MFRC531_WriteReg(RegRxThreshold,0x88);
    MFRC531_WriteReg(RegBPSKDemControl,0x7E);
    MFRC531_WriteReg(RegRxControl2,0x01);
    MFRC531_WriteReg(RegRxWait,0x06);
    MFRC531_WriteReg(RegChannelRedundancy,0x2C);
    MFRC531_WriteReg(RegCRCPresetLSB,0xFF);
    MFRC531_WriteReg(RegCRCPresetMSB,0xFF);
    MFRC531_WriteReg(RegTimeSlotPeriod,0x00);
    MFRC531_WriteReg(RegMfOutSelect,0x00);
    MFRC531_WriteReg(RFU27,0x00);
    MFRC531_WriteReg(RegFIFOLevel,0x3F);
    MFRC531_WriteReg(RegTimerClock,0x07);
    MFRC531_WriteReg(RegTimerReload,0x0A);
    MFRC531_WriteReg(RegTimerControl,0x06);
    MFRC531_WriteReg(RegIRqPinConfig,0x02);
    MFRC531_WriteReg(RFU2E,0x00);
    MFRC531_WriteReg(RFU2F,0x00);
    MFRC531_SetTimer(106);
```

```c
            delay_ms(1);
            MFRC531_OpenAnt();
        }
        else
        {
            return -1;
        }
        return MI_OK;
    }
```

7. 设置 RC531 定时器

```c
void MFRC531_SetTimer(unsigned char TimerLength)
{
    switch(TimerLength)
    {
        case 0:                              // (0.302 ms) FWI= 0
            MFRC531_WriteReg(RegTimerClock,0x07); // TAutoRestart= 0,TPrescale= 128
            MFRC531_WriteReg(RegTimerReload,0x21);// TReloadVal =   'h21 = 33(dec)
            break;
        case 1:                              // (0.604 ms) FWI= 1
            MFRC531_WriteReg(RegTimerClock,0x07); // TAutoRestart= 0,TPrescale= 128
            MFRC531_WriteReg(RegTimerReload,0x41);// TReloadVal =   'h41 = 65(dec)
            break;
        case 2:                              // (1.208 ms) FWI= 2
            MFRC531_WriteReg(RegTimerClock,0x07); // TAutoRestart= 0,TPrescale= 128
            MFRC531_WriteReg(RegTimerReload,0x81);// TReloadVal =   'h81 = 129(dec)
            break;
        case 3:                              // (2.416 ms) FWI= 3
            MFRC531_WriteReg(RegTimerClock,0x09); // TAutoRestart= 0,TPrescale= 4* 128
            MFRC531_WriteReg(RegTimerReload,0x41);// TReloadVal =   'h41 = 65(dec)
            break;
        case 4:                              // (4.833 ms) FWI= 4
            MFRC531_WriteReg(RegTimerClock,0x09); // TAutoRestart= 0,TPrescale= 4* 128
            MFRC531_WriteReg(RegTimerReload,0x81);// TReloadVal =   'h81 = 129(dec)
            break;
        case 5:                              // (9.666 ms) FWI= 5
            MFRC531_WriteReg(RegTimerClock,0x0B); // TAutoRestart= 0,TPrescale= 16* 128
            MFRC531_WriteReg(RegTimerReload,0x41);// TReloadVal =   'h41 = 65(dec)
            break;
        case 6:                              // (19.33 ms) FWI= 6
            MFRC531_WriteReg(RegTimerClock,0x0B); // TAutoRestart= 0,TPrescale= 16* 128
            MFRC531_WriteReg(RegTimerReload,0x81);// TReloadVal =   'h81 = 129(dec)
            break;
        case 7:                              // (38.66 ms) FWI= 7
            MFRC531_WriteReg(RegTimerClock,0x0D); // TAutoRestart= 0,TPrescale= 64* 128
```

```
            MFRC531_WriteReg(RegTimerReload,0x41);// TReloadVal =   'h41 = 65(dec)
            break;
        case 8:                           // (77.32 ms) FWI= 8
            MFRC531_WriteReg(RegTimerClock,0x0D); // TAutoRestart= 0,TPrescale= 64* 128
            MFRC531_WriteReg(RegTimerReload,0x81);// TReloadVal =   'h81 = 129(dec)
            break;
        case 9:                           // (154.6 ms) FWI= 9
            MFRC531_WriteReg(RegTimerClock,0x0F); // TAutoRestart= 0,TPrescale= 256* 128
            MFRC531_WriteReg(RegTimerReload,0x41);// TReloadVal =   'h41 = 65(dec)
            break;
        case 10:                          // (309.3 ms) FWI= 10
            MFRC531_WriteReg(RegTimerClock,0x0F); // TAutoRestart= 0,TPrescale= 256* 128
            MFRC531_WriteReg(RegTimerReload,0x81);// TReloadVal =   'h81 = 129(dec)
            break;
///////////////////////////////////////////////////////////////////////////////
        case 11:                          // (618.6 ms) FWI= 11
            MFRC531_WriteReg(RegTimerClock,0x13); // TAutoRestart= 0,TPrescale= 4096* 128
            MFRC531_WriteReg(RegTimerReload,0x11);// TReloadVal =   'h21 = 17(dec)
            break;
        case 12:                          // (1.2371 s) FWI= 12
            MFRC531_WriteReg(RegTimerClock,0x13); // TAutoRestart= 0,TPrescale= 4096* 128
            MFRC531_WriteReg(RegTimerReload,0x21); // TReloadVal =   'h41 = 33(dec)
            break;
        case 13:                          // (2.4742 s) FWI= 13
            MFRC531_WriteReg(RegTimerClock,0x13); // TAutoRestart= 0,TPrescale= 4096* 128
            MFRC531_WriteReg(RegTimerReload,0x41);// TReloadVal =   'h81 = 65(dec)
            break;
        case 14:                          // (4.9485 s) FWI= 14
            MFRC531_WriteReg(RegTimerClock,0x13); // TAutoRestart= 0,TPrescale= 4096* 128
            MFRC531_WriteReg(RegTimerReload,0x81);// TReloadVal =   'h81 = 129(dec)
            break;
        case 15:                          // (4.9485 s) FWI= 14
            MFRC531_WriteReg(RegTimerClock,0x9); // TAutoRestart= 0,TPrescale= 4096* 128
            MFRC531_WriteReg(RegTimerReload,0xff);// TReloadVal =   'h81 = 129(dec)
            break;
        default:                          //
            MFRC531_WriteReg(RegTimerClock,0x19); // TAutoRestart= 0,TPrescale= 128
            MFRC531_WriteReg(RegTimerReload,TimerLength);// TReloadVal =   'h6a = tmoLength(dec)
            break;
///////////////////////////////////////////////////////////////////////////////
    }
    MFRC531_WriteReg(RegTimerControl,0X06);
}
```

7.4.3 中断服务函数

中断服务程序用于处理外部中断的相关事务,本例中包含定时器 0 的溢出中断 TIMER0_OVF_vect 和外部中断 0 INT0_vect 的中断服务函数。

1. 软件接口介绍

STM8 SPI 主模式配置步骤具体如下。

(1) 通过 SPI_CR1 寄存器的 BR[2:0] 位定义串行时钟波特率。

(2) 选择 CPOL 和 CPHA 位,定义数据传输和串行时钟间的相位关系。

(3) 配置 SPI_CR1 寄存器的 LSBFIRST 位定义帧格式。

(4) 硬件模式下,在数据帧的全部传输过程中应把 NSS 脚连接到高电平;在软件模式下,需设置 SPI_CR2 寄存器的 SSM 和 SSI 位为"1"。

(5) 必须设置 MSTR 和 SPE 位(只有当 NSS 脚被连到高电平,这些位才能保持为"1")。在这个配置中,MOSI 脚是数据输出,而 MISO 脚是数据输入。

STM8 硬件库 SPI 相关函数:

```
    void SPI_DeInit(void):初始化 SPI 相关寄存器为默认值。
    void SPI_Init(SPI_FirstBit_TypeDef FirstBit, SPI_BaudRatePrescaler_TypeDef
BaudRatePrescalor, SPI _ Mode _ TypeDef Mode, SPI _ ClockPolarity _ TypeDef
ClockPolarity, SPI_ClockPhase_TypeDef ClockPhase, SPI_DataDirection_TypeDef Data
_Direction, SPI_NSS_TypeDef Slave_Management, uint8_t CRCPolynomial)
    void SPI_Cmd(FunctionalState NewState)    // 使能 SPI
    void SPI_ITConfig(SPI_IT_TypeDef SPI_IT, FunctionalState NewState)//使能 SPI
相关中断
    void SPI_SendData(uint8_t Data)    // SPI 数据发送
    uint8_t SPI_ReceiveData(void)       //SPI 数据接收
```

根据指定的参数配置 SPI:

```
FirstBit    选择输出数据位以 MSB 或 LSB 在先
BaudRatePrescaler    定义串行时钟波特率
Mode    主或从模式
ClockPolarity    空闲时的 SCK 时钟极性
ClockPhase    定义数据传输和串行时钟间的相位关系
Data_Direction    选择数据传输方向  Slave_Management    选择软件从设备或者硬件从设备
CRCPolynomial    配置 CRC 计算时用到的多项式,复位值为 0x07
```

在读取和写入数据时,需要首先发送一个字节来指定地址和模式,且要遵守规则进行读写。

读取规则如下:

(1) 最高有效位(MSB)为逻辑 1;

(2) bits[6:1]定义地址;

(3) LSB 为逻辑 0。

写入规则如下:

(1) 最高有效位(MSB)为逻辑 0;

(2) bits[6:1]定义地址;

(3) LSB 为逻辑 0。

2. 源码分析

```
//功    能:寻卡
//参数说明: req_code[IN]:寻卡方式
//              0x52 = 寻感应区内所有符合14443A标准的卡
//              0x26 = 寻未进入休眠状态的卡
//       pTagType[OUT]:卡片类型代码
//              0x4400 = Mifare_UltraLight
//              0x0400 = Mifare_One(S50)
//              0x0200 = Mifare_One(S70)
//              0x0800 = Mifare_Pro
//              0x0403 = Mifare_ProX
//              0x4403 = Mifare_DESFire
//返    回: 成功返回MI_OK
/////////////////////////////////////////////////////////////////////
signed char PcdRequest(unsigned char req_code,unsigned char * pTagType)
{
    signed char status;
    struct TransceiveBuffer MfComData;
    struct TransceiveBuffer * pi;
    pi = &MfComData;

    MFRC531_WriteReg(RegChannelRedundancy,0x03);
    MFRC531_ClearBitMask(RegControl,0x08);
    MFRC531_WriteReg(RegBitFraming,0x07);
    MFRC531_SetBitMask(RegTxControl,0x03);
    MFRC531_SetTimer(4);
    MfComData.MfCommand = PCD_TRANSCEIVE;
    MfComData.MfLength  = 1;
    MfComData.MfData[0] = req_code;

    status = MFRC531_ISO14443_Transceive(pi);

    if (! status)
    {
        if (MfComData.MfLength ! = 0x10)
        {   status = MI_BITCOUNTERR;   }
    }
    * pTagType     = MfComData.MfData[0];
    * (pTagType+ 1) = MfComData.MfData[1];


    return status;
}
/////////////////////////////////////////////////////////////////////
```

```c
//选定一张卡
//input:g_cSNR= 序列号
/////////////////////////////////////////////////////////////////////
signed char PcdSelect(unsigned char * pSnr,unsigned char * pSize)
{
    unsigned char i;
    signed char status;
    unsigned char snr_check = 0;
    struct TransceiveBuffer MfComData;
    struct TransceiveBuffer * pi;
    pi = &MfComData;

    MFRC531_WriteReg(RegChannelRedundancy,0x0F);
    MFRC531_ClearBitMask(RegControl,0x08);
    MFRC531_SetTimer(4);

    MfComData.MfCommand = PCD_TRANSCEIVE;
    MfComData.MfLength  = 7;
    MfComData.MfData[0] = PICC_ANTICOLL1;
    MfComData.MfData[1] = 0x70;
    for (i= 0; i<4; i+ + )
    {
      snr_check ^= * (pSnr+ i);
      MfComData.MfData[i+ 2] = * (pSnr+ i);
    }
    MfComData.MfData[6] = snr_check;

    status = MFRC531_ISO14443_Transceive(pi);

    if (status = = MI_OK)
    {
        if (MfComData.MfLength ! = 0x8)
        {  status = MI_BITCOUNTERR;  }
        else
        {  * pSize = MfComData.MfData[0];  }
    }

    return status;
}

/////////////////////////////////////////////////////////////////////
//将 Mifare_One 卡密钥转换为 RC531 接收格式
//input: uncoded= 6 字节未转换的密钥
//output:coded= 12 字节转换后的密钥
/////////////////////////////////////////////////////////////////////
```

```c
signed char ChangeCodeKey(unsigned char * pUncoded,unsigned char * pCoded)
{
    unsigned char cnt= 0;
    unsigned char ln= 0;
    unsigned char hn= 0;

    for (cnt= 0; cnt<6; cnt+ + )
    {
        ln =  pUncoded[cnt] & 0x0F;
        hn =  pUncoded[cnt] >> 4;
        pCoded[cnt* 2+ 1] =  (~ln<<4) | ln;
        pCoded[cnt* 2]    =  (~hn<<4) | hn;
    }
    return MI_OK;
}
//////////////////////////////////////////////////////////////////
//功能:将已转换格式的密钥送到RC531的FIFO中
//input:keys= 密钥
//////////////////////////////////////////////////////////////////
signed char PcdAuthKey(unsigned char * pKeys)
{
    signed char status;
    struct TransceiveBuffer MfComData;
    struct TransceiveBuffer * pi;
    pi = &MfComData;

    MFRC531_SetTimer(4);
    MfComData.MfCommand = PCD_LOADKEY;
    MfComData.MfLength  = 12;
    memcpy(&MfComData.MfData[0], pKeys, 12);

    status = MFRC531_ISO14443_Transceive(pi);

    return status;
}
//////////////////////////////////////////////////////////////////
//功能:用存放在RC531的FIFO中的密钥和卡上的密钥进行验证
//input:auth_mode= 验证方式,0x60:验证A密钥,0x61:验证B密钥
//      block= 要验证的绝对块号
//      g_cSNR= 序列号首地址
//////////////////////////////////////////////////////////////////
signed char PcdAuthState (unsigned char auth_mode, unsigned char block, unsigned char * pSnr)
{
    signed char status;
```

```c
        struct TransceiveBuffer MfComData;
        struct TransceiveBuffer * pi;
        pi = &MfComData;

        MFRC531_WriteReg(RegChannelRedundancy,0x0F);
        MFRC531_SetTimer(4);
        MfComData.MfCommand = PCD_AUTHENT1;
        MfComData.MfLength  = 6;
        MfComData.MfData[0] = auth_mode;
        MfComData.MfData[1] = block;
        memcpy(&MfComData.MfData[2], pSnr, 4);

        status = MFRC531_ISO14443_Transceive(pi);
        if (status = = MI_OK)
        {
            if (MFRC531_ReadReg(RegSecondaryStatus) & 0x07)
            {   status = MI_BITCOUNTERR;    }
            else
            {
                MfComData.MfCommand = PCD_AUTHENT2;
                MfComData.MfLength  = 0;
                status = MFRC531_ISO14443_Transceive(pi);
                if (status = = MI_OK)
                {
                    if (MFRC531_ReadReg(RegControl) & 0x08)
                    {   status = MI_OK;   }
                    else
                    {   status = MI_AUTHERR;   }
                }
            }
        }
        return status;
    }
```

STM8通过SPI写数据到MF RC531寄存器中,对其进行配置等操作,获取卡片的信息,当标签卡进入感应区,STM8调用BEEP_On()使蜂鸣器鸣叫。

7.4.4 RFID密匙修改实例

射频识别系统中由于卡片和读写器并不是固定连接为一个不可分割的整体,两者在进行数据通信前如何确认对方的合法身份就变得非常重要。根据安全级别的要求不同,有的系统不需认证对方的身份,例如大多数的TTF模式的卡片;有的系统只需要卡片认证读写器的身份或者读写器认证卡片的身份,称为单向认证;还有的系统不仅卡片要认证读写器的身份,读写器也要认证卡片的身份,这种认证称为相互认证。Mifare系列卡片中的认证就是相互认证。

1. 认证方式及流程

最常见的认证方式是使用密码认证或者叫口令认证。直接说口令(密码)存在巨大的风险,万一被别人听到了,后果不堪设想,所以最好不要直接说出密码,而是通过某种方式(运算)把密码隐含在一串数据里,这样不相干的人听到了也不知道是什么意思。为了让隐含着密码的这一串数据没有规律性,对密码进行运算时一定要有随机数的参与。于是最常见的相互认证是一方给另一方一个随机数,让对方利用密码和约定的算法对这个随机数进行运算,如果结果符合预期则认证通过,否则认证不通过。

密码认证流程如图 7-16 所示。

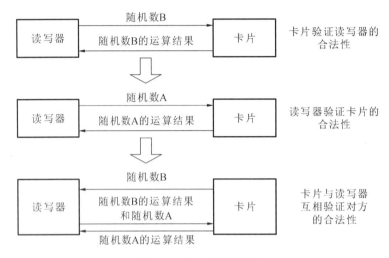

图 7-16　密码认证流程

卡片先向读写器发送一个随机数 B,读写器用事先约定的有密码参与的算法对随机数 B 进行运算,然后把运算的结果连同随机数 A 一起送给卡片,卡片收到后先检查读写器对随机数 B 运算的结果对不对,如果不对就不再往下进行,如果正确就对随机数 A 用事先约定的有密码参与的算法进行运算,然后把运算的结果送给读写器,读写器收到后检查这个结果对不对,如果对就通过认证,不对就不能通过认证。

在读写器中,认证过程已经被集成在芯片中,用户只需要发送命令即可完成密码验证。

需要加载密匙到 KEYBUFFER 中,命令有两种方式:

(1) 从 EEPROM 加载密码用 LoadKeyE2 命令;

(2) 从 FIFO 中加载密码用 LoadKey 命令。

密码的格式必须正确,才能加载成功。

2. 参考源码

```
//将 Mifare_One 卡密钥转换为 RC531 接收格式
//input: uncoded= 6 字节未转换的密钥
//output:coded= 12 字节转换后的密钥
/////////////////////////////////////////////////////////////////
signed char ChangeCodeKey(unsigned char * pUncoded,unsigned char * pCoded)
{
    unsigned char cnt= 0;
    unsigned char ln= 0;
    unsigned char hn= 0;

    for (cnt= 0; cnt<6; cnt+ + )
```

```
    {
        ln = pUncoded[cnt] & 0x0F;
        hn = pUncoded[cnt] >> 4;
        pCoded[cnt*2+1] = (~ln<<4) | ln;
        pCoded[cnt*2]   = (~hn<<4) | hn;
    }
    return MI_OK;
}
```

程序中加载的密码是从 FIFO 中加载的,代码如下:

```
////////////////////////////////////////////////////////////////
//功能:将已转换格式的密钥送到 RC531 的 FIFO 中
//input:keys= 密钥
////////////////////////////////////////////////////////////////
signed char PcdAuthKey(unsigned char * pKeys)
{
    signed char status;
    struct TransceiveBuffer MfComData;
    struct TransceiveBuffer * pi;
    pi = &MfComData;

    MFRC531_SetTimer(4);
    MfComData.MfCommand = PCD_LOADKEY;
    MfComData.MfLength  = 12;
    memcpy(&MfComData.MfData[0], pKeys, 12);
    status = MFRC531_ISO14443_Transceive(pi);
    return status;
}
```

程序通过命令完成两次验证,传入的参数可以选择验证的数据块,数据块前面已经介绍过,代码如下:

```
////////////////////////////////////////////////////////////////
//功能:用存放在 RC531 的 FIFO 中的密钥和卡上的密钥进行验证
//input:auth_mode= 验证方式,0x60:验证 A 密钥,0x61:验证 B 密钥
//      block= 要验证的绝对块号
//      g_cSNR= 序列号首地址
////////////////////////////////////////////////////////////////
signed char PcdAuthState (unsigned char auth_mode, unsigned char block, unsigned char * pSnr)
{
    signed char status;
    struct TransceiveBuffer MfComData;
    struct TransceiveBuffer * pi;
    pi = &MfComData;

    MFRC531_WriteReg(RegChannelRedundancy,0x0F);
```

```c
            MFRC531_SetTimer(4);
            MfComData.MfCommand = PCD_AUTHENT1;
            MfComData.MfLength  = 6;
            MfComData.MfData[0] = auth_mode;
            MfComData.MfData[1] = block;
            memcpy(&MfComData.MfData[2], pSnr, 4);

            status = MFRC531_ISO14443_Transceive(pi);
            if (status == MI_OK)
            {
                if (MFRC531_ReadReg(RegSecondaryStatus) & 0x07)
                {   status = MI_BITCOUNTERR;   }
                else
                {
                    MfComData.MfCommand = PCD_AUTHENT2;
                    MfComData.MfLength  = 0;
                    status = MFRC531_ISO14443_Transceive(pi);
                    if (status == MI_OK)
                    {
                        if (MFRC531_ReadReg(RegControl) & 0x08)
                        {   status = MI_OK;   }
                        else
                        {   status = MI_AUTHERR;   }

                    }
                }
            }
            return status;
        }
```

通过验证可以对已经验证的扇区的数据块进行操作,要修改密码,可以对要操作的扇区块 3 进行读写。其读写代码如下：

```c
////////////////////////////////////////////////////////////////////
//读 mifare_one 卡上一块(block)数据(16 字节)
//input: addr = 要读的绝对块号
//output:readdata = 读出的数据
////////////////////////////////////////////////////////////////////
signed char PcdRead(unsigned char addr,unsigned char * pReaddata)
{
    signed char status;
    struct TransceiveBuffer MfComData;
    struct TransceiveBuffer * pi;
    pi = &MfComData;

    MFRC531_SetTimer(4);
```

```c
        MFRC531_WriteReg(RegChannelRedundancy,0x0F);
        MfComData.MfCommand = PCD_TRANSCEIVE;
        MfComData.MfLength  = 2;
        MfComData.MfData[0] = PICC_READ;
        MfComData.MfData[1] = addr;

        status = MFRC531_ISO14443_Transceive(pi);
        if (status = = MI_OK)
        {
            if (MfComData.MfLength ! = 0x80)
            {   status = MI_BITCOUNTERR;  }
            else
            {   memcpy(pReaddata, &MfComData.MfData[0], 16);  }
        }
        return status;
}
////////////////////////////////////////////////////////////////////
//写数据到卡上的一块
//input:adde= 要写的绝对块号
//     writedata= 写入数据
////////////////////////////////////////////////////////////////////
signed char PcdWrite(unsigned char addr,unsigned char * pWritedata)
{
    signed char status;
    struct TransceiveBuffer MfComData;
    struct TransceiveBuffer * pi;
    pi = &MfComData;

    MFRC531_SetTimer(5);
    MFRC531_WriteReg(RegChannelRedundancy,0x07);
    MfComData.MfCommand = PCD_TRANSCEIVE;
    MfComData.MfLength  = 2;
    MfComData.MfData[0] = PICC_WRITE;
    MfComData.MfData[1] = addr;

    status = MFRC531_ISO14443_Transceive(pi);
    if (status ! = MI_NOTAGERR)
    {
        if(MfComData.MfLength ! = 4)
        {   status= MI_BITCOUNTERR;  }
        else
        {
            MfComData.MfData[0] &= 0x0F;
            switch (MfComData.MfData[0])
```

```
            {
                case 0x00:
                    status = MI_NOTAUTHERR; //未通过验证
                    break;
                case 0x0A:
                    status = MI_OK;
                    break;
                default:
                    status = MI_CODEERR;
                    break;
            }
        }
        if (status = = MI_OK)
        {
            MFRC531_SetTimer(5);
            MfComData.MfCommand = PCD_TRANSCEIVE;
            MfComData.MfLength  = 16;
            memcpy(&MfComData.MfData[0], pWritedata, 16);

            status = MFRC531_ISO14443_Transceive(pi);
            if (status ! = MI_NOTAGERR)
            {
                MfComData.MfData[0] &= 0x0F;
                switch(MfComData.MfData[0])
                {
                  case 0x00:
                    status = MI_WRITEERR;
                    break;
                  case 0x0A:
                    status = MI_OK;
                    break;
                  default:
                    status = MI_CODEERR;
                    break;
                }
            }
            MFRC531_SetTimer(4);
        }
        return status;
    }
```

程序初始密码的六个字节为 0xff 0xff 0xff 0xff 0xff 0xff,通过按键将密码修改为 0xffe 0xff 0xff 0xff 0xff 0xff,记修改的密码为密码 A,按键中断的程序如下:

```
INTERRUPT_HANDLER(EXTI_PORTC_IRQHandler, 5)
{
  /* In order to detect unexpected events during development,
```

```
        it is recommended to set a breakpoint on the following instruction.
    */
        //printf("Key is pressed! \r\n");
    if ((GPIO_ReadInputData(GPIOC) & GPIO_PIN_1) == 0x00)//判断 PC1 引脚是否触发
        {
            disableInterrupts();
            static u8 flg= 0;
            if(flg == 0)
            {
              flg = 1;
              p_KeyA_new[0] = 0xfe;
            }
            else
            {
              flg = 0;
              p_KeyA_new[0] = 0xff;
            }
            keyFlag= 1;
            enableInterrupts();
        }
}
```

课 后 习 题

1. Mifare 卡的特点有哪些？
2. Mifare 1 S50 卡的存储器有多大？分为多少个扇区？每个扇区有几个块？
3. 简述三轮认证的流程。
4. MF RC531 是一种应用在什么频段的 RFID 读写芯片？
5. 画出 MF RC531 与 MCU 的连接电路框图。

第8章 物联网RFID应用案例

通过本章学习理解RFID技术在物联网技术中的应用领域和具体实施方案。

在国内外,RFID技术取得了广泛的使用,如美国政府将RFID技术应用于国防管理,以零售业巨头沃尔玛为代表的许多企业也在物流领域中广泛应用该技术。欧洲目前在零售业、公共交通、邮政等领域的技术应用相当成熟。日本在应用方面也获得了很大的成功,电子票证、交通卡、公共服务等方面都有广泛应用。韩国在邮政分拣中成功应用该技术,大大提高了效率,降低了成本。我国在身份识别、防伪、商业供应链、公共交通管理等领域也有相应的应用,另外在高速公路收费、停车场收费、加油站收费、智能卡煤气表、水表、电表等使用非接式卡。在北京奥运会和上海世博会上,RFID技术得到了广泛的应用。

8.1 上海世博会中RFID技术的应用

1. RFID电子门票背景

我国二代身份证项目作为世界上最大的RFID项目,采用国内自主嵌入式微晶片,有力地推动了国内RFID行业的发展。2008年北京奥运会在食品安全保障体系、奥运宾馆、比赛场地、制造商、物流中心和医院的个人安全监控中,广泛采用了RFID技术,为奥运会的成功举行保驾护航。

射频识别技术应用于门票系统,上海经历了一个从小规模示范向大规模推广的渐进过程。在上海举行的"大师杯"网球赛和特奥会上的试点应用,为2010年上海世博会票务系统建设积累了经验。

2. 世博会RFID电子票务系统的优点

上海世博会的参观者有7000万人次,从门票的预售到展会结束历时两年,门票的面额较大,这些特点对世博会门票系统的处理能力、入园检票的速度、门票的安全性和可靠性,以及门票的成本等方面都提出了非常高的要求。在大型活动中使用传统门票,需要大量工作人员进行人工识别,存在效率低下、差错率高的问题。

基于RFID技术建立世博会票务系统,采用RFID技术制作门票的主要优点如下。

(1) 可以实现快速的机器自动识别,满足大客流的快速检票处理。

(2) 采用先进的芯片技术,每张标签都有唯一的ID,难以仿冒。

(3) 数据信息的读写具有较高的安全保护等级。

(4) 可以实现门票生命周期的全过程数字管理。

3. 系统关键技术

在世博会门票中植入RFID标签,运用RFID技术,使整套系统发挥最大的效率,需要用到的关键技术如下。

1) 防冲撞技术

在非接触式电子标签的使用过程中,经常会出现一个读写器必须同时处理多个标签的情况,即有多个标签在读写器的感应范围之内,它们将几乎同时响应读写器的指令而发送信号,这样就会产生信道争用的问题,多个标签发送数据之间将产生干扰。读写器不能正确接收数据,也就无法正确识别标签。此时必须采取快速的防冲撞措施来保证通信的可靠性和正确性。在人流量大时,世博会门票尤其要有效解决这个问题,保证参观者轻松入场。

2) 安全加密技术

数据的安全包括数据存储的安全以及数据传输过程中的安全等。世博会系统应保证信息存储的安全性。同时,信息要使用特定的密码算法技术,确保数据在传输过程中的安全性,外界无法对数据进行篡改或窃取,从而实现 RFID 门票的防伪造和防变造。

3) 多角度信息处理能力

世博会门票采用 RFID 技术后可以为参观者提供多种类型的服务,如多种特性的票种。RFID 读取器采集到参观者的信息后,将其汇聚到世博会系统后台,进行数据处理和分析。系统的构架如图 8-1 所示。

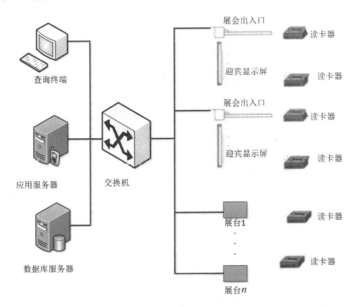

图 8-1 系统整体构架示意图

上海世博会的门票内含一颗自主知识产权"世博芯",其采用特定的密码算法技术,确保数据在传输过程中的安全。RFID 电子门票无须接触、无须对准即可验票,持票人只需手持门票在离读写设备 10 cm 的距离内刷一下,便可轻松入场。此外,"世博芯"还可记录不同信息并用于不同类别的门票,以便为参观者提供多种类型的服务,比如"夜票""多次出入票"等。通过 RFID 芯片采集的参观者信息将汇聚到票务系统的中枢,进行数据处理、分析,便于园区的管理,犹如一个人的神经系统。管理方就可据此了解园区内的人员密度,并进行科学的分流引导。图 8-2 所示为世博会门票验票闸机。图 8-3 所示为世博会门票。

图 8-2 世博会门票验票闸机

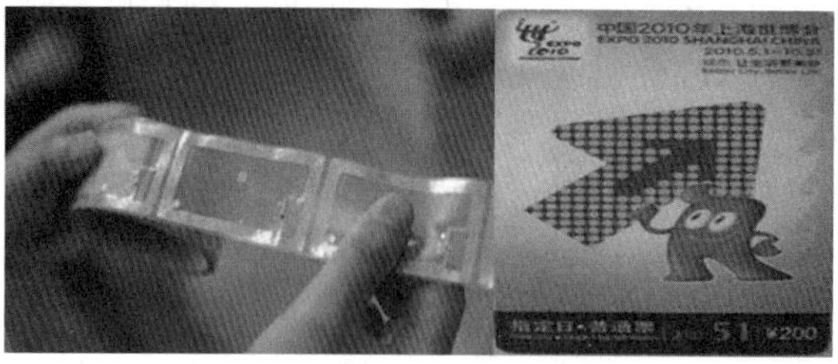

(a) 电子门票中的芯片线路　　(b) 封装后的RFID门票

图8-3　世博会门票

4. 应用创新与展望

2010世博会RFID电子票务系统包括拥有自主知识产权的射频识别门票芯片和芯片线路、可靠稳定的制票管理和仓储物流配送系统、自动售检票设备和管理系统、自助服务终端以及响应及时的票务运行保障体系等。该系统作为世博会票务管理工作的核心支撑体系，实现了门票制作、门票销售管理、账务处理及票检方面的信息化管理职能，同时该系统还将支持世博会管理和运营的能力，为决策指挥和应急保障提供数据来源和分析。运用RFID技术的世博会票务系统，建立了世博会的票务信息网络，是基于RFID技术在我国二代身份证、北京奥运会后又一个大规模应用。

该RFID电子票务系统的主要创新点如下：

（1）国际上首次在大规模的活动中使用带安全认证的RFID门票；

（2）完全自主知识产权的RFID芯片；

（3）采用先进的EEPROM芯片设计和制造工艺；

（4）采用先进的芯片倒装（Flip-chip）工艺；

（5）机读与视读相结合的门票自动检票技术，方便快速通行和识别；

（6）门票数据安全控制和防伪数字签名设计；

（7）松耦合的体系架构，保障系统运行的安全、可靠、稳定。

上海世博会基于RFID技术的世博会门票应用系统，不仅能满足世博会对门票系统安全、可靠、快速识别的需求，同时也是一个针对大型活动的、通用的数字化门票的整体解决方案，可以在大型展览、演出、体育竞赛等活动中推广。通过世博会票务系统项目，可形成RFID门票系统的核心技术与关键产品，并建立典型应用的系统架构。上海世博会会期半年，其庞大的票务系统是有史以来最大规模的射频识别技术门票应用案例，积累了丰富的管理手段和经验，为RFID技术在其他领域的推广奠定了基础，大大推动了我国射频识别技术和产业的发展。

8.2　食品追溯系统

1. 应用背景

近年来，诸多的食品安全事件的频繁发生，严重威胁消费者的身体健康，引起了世界性的广泛关注，也影响了食品行业的健康、持续、稳定发展。如何保证食品供应链的安全，已成为一个迫切需要解决的全球性课题。

可追溯不仅仅是帮助消费者把握产品"前世今生"的一种技术，更是食品质量管理和危机控制中的一个重要武器。它包括两种途径。一种是从上往下进行追踪，即从农场、食品原材料供应商、加工商、运输商到销售商，这种方法主要用于查找质量问题的原因，确定产品的原产地和特征。另一种是从下往上进行追溯,也就是消费者在销售点购买的食品发现了安全问题,可以向上层层进行追溯,最终确定问题所在,这种方法主要用于问题食品的召回。

2. 功能设计

1) 食品唯一身份识别

给每只牲畜或每盒植物一个唯一的、不可变更的电子身份编码,安装一个适合类型的电子标签,进行终生身份管理,有了唯一身份,针对这唯一身份进行成长、生产、加工等环节的信息追加,生成整条数据链,是实现可追溯特性的数据基础。牛耳朵的电子标签如图 8-4 所示。

图 8-4 牛耳朵的电子标签

2) 原材料供应企业管理

在食材生产阶段,做好食材的出生编码,利用手持或固定 RFID 设备写入物品的出生信息,以及生产或养殖过程中各种防疫和病情防治的数据链,并做好食材培训的过程信息,写入电子标签并同步食品追溯管理平台。

3) 生产加工企业管理

屠宰场、果蔬加工企业、副食加工企业等食品的加工中间企业,对食材的来源通过读取电子标签信息与食品追溯平台进行校对,信息正确者为来源合法,如果信息有误,则来源存在可疑,需确认食材的安全性。确认食品原材料信息后,由加工企业对材料进行加工,并在电子标签中追加加工流程信息。

4) 生产包装管理

食材加工完成后,进行分装,每个分装上安装或贴上不同类型的电子标签,并把加工企业信息、包装容量信息、分装时间、保质期、食用方式等信息写入电子标签,并同步到食品追溯管理平台。

5) 仓库管理

食品分装完成后,首先进入仓库存储环节,在仓库管理系统中,追加仓储信息,如仓储类型、存储时间、进出仓时间等信息进入电子标签,形成仓储的数据链。

6) 物流配送管理

由仓库分发食品,根据市场调配需求配送相应数量到分销商处,仓库管理系统在电子标签中写入配送时间、相应负责人员等信息,并把相应的数据与食品追溯管理平台进行信息同步。

3. 实施方案

(1) 固定 RFID 读写器,读距离为 0~250 px,写距离<10 m,负责初始化电子标签,向

RFID 电子标签内写入物品数据。

（2）RFID 电子标签，根据不同物品属性选择适合的标签结构类型，安装在不同食品上，利用电子标签内的唯一 TID 码，作为食品唯一身份标志，如图 8-5 所示。

（3）RFID 手持读写器，是远距离的电子标签读写终端，写工作距离为 0～5 m，读工作距离为 0～8 m，用于在维修物品完成后物品的遗漏查找和确认，如图 8-6 所示。

图 8-5　RFID 电子标签　　　　　　图 8-6　RFID 手持读写器

（4）食品追溯管理系统软件，是基于食品追溯数据中心数据库为核心的客户应用端，实现食品的 EPC 码录、全生命数据链建立与管理、追溯与查询等功能。食品追溯管理系统构架图如图 8-7 所示。

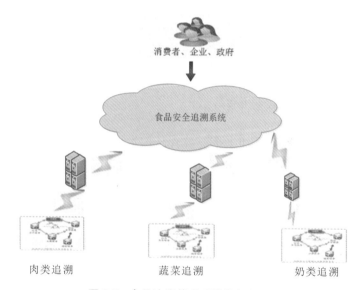

图 8-7　食品追溯管理系统构架图

4. 应用展望

该系统设计成功可以禁止不健康的食品进入消费环节；杜绝非法生产企业、不合格流通环节、食品供应商等引起的食品安全问题；对问题食品、问题人员可以进行事后追责，并以此作为长鸣警笛有效鞭策相关人员，减少食品安全事故。

可追溯系统强调产品的唯一标识和全过程追踪，对实施可追溯系统的产品，在其各个生产环节，可以实行 haccp、gmp 或 iso9001 等质量控制方法对整个供应链各个环节的产品信息进行跟踪与追溯，一旦发生食品安全问题，可以有效地追踪到食品的源头，及时召回不合格产品,将损失降到最低。

我国建立食品可追溯体系不仅能为人民群众的饮食健康提供优质安全的食品,同时也是打破国外因食品安全追溯而设置的贸易壁垒的重要手段,对提高我国食品在国内际市场上的竞争力起到了重要的作用。

8.3 RFID智慧珠宝管理系统

1. 应用背景

目前,中国的珠宝行业正处于快速增长阶段,珠宝首饰企业既要抓住历史性机遇,又要为行业的洗牌阶段做好准备,在这样一个浪潮中,企业如何在保证自身产品质量的同时,提高对产品的高效管理显得尤为关键。纵观整个珠宝行业管理,大都存在着专卖点柜台盘点的问题,但目前的珠宝盘点工作基本是通过人手工操作完成,而珠宝产品存在体积小、数量大的实际情况,大数量的产品由少量的营业人员进行盘点,就造成了盘点工作费时巨大的实际情况,有数据显示,一个普通的珠宝店对店内的产品进行一次盘点工作,平均需要五个小时左右。盘点效率的问题导致了各个珠宝店无法做到对产品每日或者每周进行盘点。同时,因为珠宝大都是高价值的产品,其各项指标和参数既烦琐又专业,且人员较杂时容易丢失而导购员不能快速响应,在珠宝数量较多的柜台,对导购员的工作造成很大压力,容易造成贵重物品的失窃。这种完全依靠人的经验跟能力的管理销售办法很大程度上制约了企业的业务扩展和客户体验感。

珠宝企业迫切需要一种有效的技术手段,能快速准确、简便可行地完成对货品的盘点工作,帮助企业及时了解各种类产品的销售情况,完成公司管理层对各类产品市场接受的数据分析,并能对珠宝的状态进行实时监控,最大限度地降低珠宝丢失的可能性。

在RFID技术得到飞速发展与应用的今天,珠宝的RFID电子化、信息化管理是强化盘点管理、销售管理、提高管理效率的重要手段。珠宝管理的电子化、信息化将极大地提升珠宝企业的工作效率(盘点、点仓、出入库),降低失窃率,提升企业形象和产品附加值。

2. 功能设计

1)发卡和身份识别实现

在珠宝采购回来后,为每一个珠宝安装电子标签。电子标签的封装专为珠宝首饰类商品设计,可轻松简易地悬挂在珠宝上,既不影响珠宝首饰的外观,同时也能唯一代表一个珠宝。在该环节,使用发卡器将珠宝的电子产品编码(EPC)和其他数据信息写入相对应的电子标签内,并上传到应用中心服务器,实现RFID电子标签与珠宝资产的绑定。

2)安全监测

为销售中的珠宝安全提供监测与预警。在商品完成发卡后,即可在柜台陈列,在所有商品放入陈列区后,工作人员在管理计算机处启动"商品上架"流程。在最大程度监测珠宝安全的同时,最低限度地影响销售工作的正常开展。

3)智能销售

RFID设备对柜台上所有珠宝进行实时监控,对一些重点、稀有宝物,可在柜台附近部署LED显示屏,当向客户展示该珠宝时,系统屏幕上随即展示该珠宝的相关明细属性,如款式、产地、设计师、重量、材质、纯度、等级等。

3. 系统整体方案设计

为实现对珠宝的精确管理,需要定位到单个珠宝,在本系统中,RFID电子标签具有唯一的ID号,因此将电子标签与珠宝个体一一对应后,通过对电子标签的识别,达到对单个珠宝进行精确管理的目标。同时,RFID 设备具有多标签同时读取的特点,因此本系统的建设可实现快速准确的货物盘点,实现珠宝资产的高效管理。

本系统深入渗透于珠宝资产入库、销售、盘点、售出等各个关键节点,结合计算机和网络技术,实现珠宝资产的信息化、精确化和高效性管理。其基本网络结构图如图 8-8 所示。

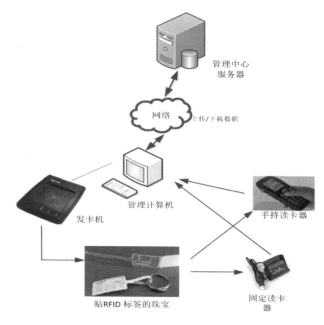

图 8-8 珠宝系统网络结构图

将 RFID 技术引入珠宝管理,为贵重的珠宝商品贴上 RFID 标签,利用自动识别设备监测、控制和跟踪贴标的珠宝首饰,实现快速盘点、实时跟踪及销售管理智能,从而对珠宝产品的进出和销售过程进行全方位的跟踪和记录,用自动化和准确高效的新方法取代了烦琐、低效的人工管理和条码扫描模式。

4. 系统业务流程方案

本系统建设将 RFID 技术贯穿于商品从入库到完成销售的各个环节。

从最初入库时的发卡、发卡后的商品上架、销售中的安全监测到货物库存盘点,再到最后的结算与货源补充,RFID 技术将整个业务链条串起,完成珠宝资产管理过程中的精确、高效、信息化管理与跟踪。业务流程如图 8-9 所示。

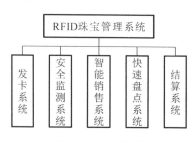

图 8-9 业务流程

1) 发卡系统

在珠宝采购回来后,为每一个珠宝安装电子标签。电子标签的封装专为珠宝首饰类商品设计,可轻松简易地悬挂在珠宝上,既不影响珠宝首饰的外观,同时也能唯一代表一个珠宝。在该环节,使用发卡器将珠宝的电子产品编码(EPC)和其他数据信息写入相对应的电子标签内,并上传到应用中心服务器,实现 RFID 电子标签与珠宝资产的绑定。

2) 安全监测系统

本子系统为销售中的珠宝安全提供监测与预警。

在商品完成发卡后,即可在柜台陈列,在所有商品放入陈列区后,工作人员在管理计算机处启动"商品上架"流程。

每一个展示柜台的下面,将隐蔽地安装 RFID 设备,包括 RFID 天线和 RFID 固定式读写器,天线的数量根据珠宝陈列区的大小选择,最多支持四个天线,可实现珠宝陈列区的全范围无死角读取。商品上架流程启动后,读写器开始工作,将各柜台商品信息扫描并上传到计算机,工作人员可核对该信息,如无误即可"完成上架",此后,读写器开始进入珠宝安全监测状态。工作人员可根据销售工作的实际情况,通过软件灵活配置允许预警时间,在预警时间内,系统监测不到珠宝标签但并不会告警,一旦超过预警时间,系统将会启动报警设备。

安全状况下,RFID 读写器通过天线能读取到柜台上的每一个珠宝电子标签信息,一旦有意外情况,读写器一定时间内读取不到某标签的信息,将会通过系统报警设备给予工作人员告警。

同时,为应对某些客户长时间咨询或观看导致珠宝不能在预警时间内回到柜台的情况,工作人员可在系统告警时间临近或系统已告警的情况下,使用手持设备读取该珠宝的电子标签,并在手持设备软件上,选择延长预警时间,系统将暂停报警,并开始新的预警时间计时。

这样的系统功能设置,将在最大程度监测珠宝安全的同时,最低限度地影响销售工作的正常开展。

3) 智能销售系统

RFID 设备对柜台上所有珠宝进行实时监控,对一些重点、稀有宝物,可在柜台附近部署 LED 显示屏,当向客户展示该珠宝时,系统屏幕上随即展示该珠宝的相关明细属性,如款式、产地、设计师、重量、材质、纯度、等级等,这一方面无形中提升了珠宝品牌的公信力、品牌形象,另一方面有利于销售人员能够抽出更多精力来提供更好的增值服务,提升客户体验,促进销售。

同时,RFID 设备对所有在柜商品实时监控,并可详细记录每件珠宝向客户展示的次数,通过对这些数据的深度挖掘,为公司管理中心定期抓捕客户消费行为、品味、偏好,为后台提供了大数据基础,以便管理层更好地做出市场决策。

4) 快速盘点系统

销售安全监测系统 RFID 设备的布置,在完成珠宝安全监测与预警的同时,为实时、快速、准确的盘点提供了可能;每一个柜台均有 RFID 设备,RFID 设备可以读取整个柜台上每一件珠宝的信息,因此,盘点时,只需通过管理软件执行盘点操作,各柜台 RFID 读写器即可快速准确地将本柜台实时珠宝数量和种类上传到管理计算机进行汇总,从而可实现对整个柜面所有珠宝信息的掌握。

对未放在柜台上的珠宝,可通过 RFID 手持机读取珠宝的信息,并通过网络上传到管理计算机,计算机管理软件综合柜面上的珠宝数据信息和手持机反馈回来的数据信息即可完成整个店面珠宝库存情况的统计,快速准确地完成盘点操作。

在盘点后,系统可将汇总的数据与最初录入的数据以及销售出库信息进行比对,一旦数据出现差错,可及时反馈出来,并精确到出错的柜台。

5) 结算和货源补充系统

在店面的结算中心配备一体化读写器,配合工作人员快速完成计价和商品信息在数据库中的实时更新。

珠宝商品在客户选购完成进行结算时,工作人员将珠宝标签在收银台配置的一体化读写器上读一下,结算台计算机将显示与该商品相关的信息,同时提示客户消费金额,在完成交易后,工作人员在计算机上确认完成销售,中心服务器将该商品在数据库中标记为已售出,同时,柜台 RFID 设备将不再保持对该设备的监测。

当柜台有珠宝售出后需要进行货源补充时,只需要在放置珠宝后,通过管理计算机进行货源补充操作,各柜台 RFID 设备将自动扫描柜面珠宝信息,并将新增珠宝信息显示在管理计算机,工作人员确认无误后点击"新增",则完成货源补充操作,新增珠宝进入柜面安全监测列表。

5. 应用展望

通过发卡系统、销售安全监测系统、快速盘点系统、结算和货源补充系统的构建,RFID 技术在珠宝行业中的应用将给企业带来以下好处。

(1) 良好的客户体验:珠宝管理的信息化系统将方便客户通过手持设备快速准确地了解所关注珠宝的全部信息,只需读取关注珠宝的电子标签,与之相关的信息将在店面配置的显示设备上面呈现出来,一键操作即可体验高科技技术带来的轻松放心的购物氛围。

(2) 实时精准的安全监测措施:从珠宝首饰进入店面到正式销售出去,RFID 技术将全程对其进行监控保护,任何异常的操作都将触发系统的报警装置,从而通知相关工作人员在第一时间做出响应,保护资产不受损失。

(3) 科学有效的数据挖掘:系统实时记录所销售珠宝的信息,并根据客户每次的购买业务或查询业务,进行自动数据挖掘并分析,对企业管理层的采购、盘存等其他决策做出科学指导。

(4) 快速准确的盘点操作:RFID 技术的免接触、多标签同时读取、穿透能力强的特点将帮助企业快速准确地完成对库存货物的盘点操作,将大幅降低企业在盘点方面的人力和时间投入,降低运营成本,提高管理效率。

8.4 超高频 RFID 服装管理领域应用

随着服装行业竞争越来越激烈,要想在市场竞争中立于不败之地,必须要不断提高生产效率,缩短资金的周转时间。根据市场调研和分析,整个服装行业通过信息化,可以大大提高生产效率,缩短资金的周转时间。目前,大部分服装行业采用的是传统的作业方式,导致信息反馈不畅,在出现问题的时候,不能及时地发现和处理,导致许多环节出现窝工的情况。同时对于产品销售的情况也不能及时地掌握,导致畅销的产品断货,滞销的产品压货,从而降低了利润。

超高频 RFID 技术可从服装生产、产品加工、品质检验、仓储、物流运输、配送、产品销售各个环节进行信息化,为用户提供全程实时动态跟踪查询;实现处理信息、系统运行状况、业务运作质量的监控管理,同时为各级管理者提供真实、有效、及时的管理和决策支持信息,为业务的快速发展提供支撑,将能解决全部问题,从而全面降低成本,提高利润和竞争力。

ThingMagic 超高频 RFID 系列产品,是超高频 RFID 领域的领导者。在保证防碰撞、抗干扰的前提下,读取速率达到 750 标签/秒。国外的服装行业已经成功地将 ThingMagic 硬件设备集成在工厂、门店、超市等区域。以下将详细介绍超高频 RFID 在服装领域的应用范围和成功案例。

1. 服装 RFID 防伪功能

在 RFID 服装管理的过程中,利用超高频 RFID 发卡器将单件服装的一些重要属性如名称、等级、货号、型号、面料、里料、洗涤方式、执行标准、商品编号、检验员编号等写入对应的电子标签,并将该电子标签附加在服装上。

RFID 电子标签的附着方式可以采取:植入服装内、做成铭牌或吊牌、采取可以回收的防盗标签等。给每一件服装赋予难以伪造的全球唯一的 ID 编号,可以有效地避免假冒行为,很好地解决了服装的防伪问题。

2. 服装 RFID 仓储管理

由于超高频 RFID 技术在非接触、非可视的情况下,具有同时识别多标签的特性,即数十件附加了超高频 RFID 电子标签的服饰的整箱商品可以通过超高频 RFID 读写器一次性准确地读取其全部物流数据,极大地提高了物流效率。

在 RFID 服装管理的仓储管理中使用超高频 RFID 技术可实现所有管理单元的可视化管理,可以大大缩短包装、搬运、盘点、统计时间,从而减少货损,加速资金周转,大幅提高仓储管理效率。

通过这个流程可以只在一个超高频 RFID 通道内每小时验证 15 000 件服装单品。验证过程的自动化可将单品花费在供应链上的时间减少 5 至 7 天。

3. 库房 RFID 技术盘点避免缺货断码

对于制造商和服装店均可使用超高频 RFID 读写器进行库房盘点,客户根据读写器所读到的标签进行自动分析,便可得知某一款、某一颜色、某一型号服装的实际数量,从而保证库存的平衡,并及时补货,避免服装店某一款服装缺货或断码的现象,保证客户的正常需求。

4. 门店 RFID 防盗

超高频 RFID 读写器内部具有继电器输出功能,即当超高频 RFID 读写器读到标签或者特定格式的标签时,超高频 RFID 读写器将继电器闭合,从而触发外部继电器闭合,并启动报警器或者报警指示灯报警。对于 RFID 标签防盗具有如下几种情况。

(1) 服装店的 RFID 标签需回收。在这种情况下,安装在服装店门口的读写器只需读到标签时就触发外部报警器报警。

(2) 服装店的 RFID 标签不回收。在这些情况下,服装店可利用超高频 RFID 读写器对客户即将购买的服装上的标签进行改写,定义一个字节的数据,当该字节为 0 时表示未购买,改写为 1 时表示已购买,当门口的读写器读到未改写的标签时,触发外部报警器报警,而读到改写后的标签时,不会触发外部报警器报警。

5. RFID 快速盘点

通过超高频 RFID 手持机可以实时对在架商品和门店后台库存商品进行盘点,可按区域、按架位生成报表,根据实际要求生成指定格式的数据,通过实时或脱机方式上传到门店的管理系统。

6. RFID 快速收银

通过固定式超高频 RFID 读写器或 RFID 手持式收银设备,系统可以快速采集客户所选商品信息,生成销售清单,大大节省了结账时间,销售人员可以利用更多的宝贵时间专注于顾客服务。

7. RFID 服装管理应用案例

1) UGG 部署的 RFID 系统

鞋类、服装、配饰公司 Deckers 近日在麦克莱恩新开的 UGG 专卖店上部署了 RFID 系统。公司在鞋底安装了 RFID 标签,这样,消费者试穿时便可在 RFID 触摸屏幕上查看该产品相关信息。该解决方案是由 Deckers 以及纽约科技公司 Control 集团共同开发的。

UGG 门店 RFID 方案包含一个配置超高频 RFID 读写器的 65 英寸的高分辨率触摸屏,用来显示鞋子款式、颜色选项、视频等信息。UGG 门店触摸屏式 RFID 读写器如图 8-10 所示。

图 8-10 UGG 门店触摸屏式 RFID 读写器

Powers 称,公司的目标是为消费者提供无缝的线上式的购物体验。

公司在门店每个触摸屏前的地板上安装了超高频 RFID 读写器。工作人员还将 RFID 标签附着在鞋子上并使用斑马超高频 RFID 打印机对其编码。

Control 集团 Charlie Miller 称,安装在鞋底的 RFID 标签拥有唯一的 ID 号码,该标签内置产品型号、尺寸、颜色及款式等信息。当消费者在 RFID 地板前试穿鞋子时,超高频 RFID 读写器会自动读取到标签 ID 号码并传输到 Control 集团的软件里。接着,该软件会控制触摸屏显示该产品的信息。

消费者还可安装触摸屏提示将这些产品信息通过短信进行分享。这样,无论消费者有没有购买这件商品,他都可以查看产品的细节信息。管理人员还可根据 RFID 收集到的数据对店内视觉效果等方面重新进行设计。

目前,该商店正在研究 RFID 技术的其他应用。Miller 称:"鞋架上也将使用内置超高频 RFID 读写器的触摸屏,用于显示商品库存量。"

2)李维斯采用 EPC RFID 技术获得竞争优势

自 2005 年起,美国著名品牌李维斯(Levi Strauss & Co.)开始着手对其库存进行合理、精确管理,从而尽可能地实现库存管理的高效运作。为此,李维斯建立了由系统结构管理、销售、IT 管理等多部门组成的特设工作小组对其供应链现状进行深入研究,希望通过采用 EPC/超高频 RFID 技术改善其库存管理,从而提高供应链整体效率。

调查发现:店铺内的库存量有 4 个月或以上之多;人工计算库存与系统计算库存之间的不匹配、不一致性高达 20%;存在未完成或不正确订单,采购了不需要的产品,导致库存回转低下、库存过剩现象;库存报告中缺少产品型号、颜色的具体信息;销售额与高库存的预期不符。

李维斯在墨西哥的运营能力较强,因此选择在墨西哥开展试点,希望减少最多 2 个月库存,减少缺货百分比;采用 EPC/超高频 RFID 技术对补货环节进行精确管理,提高销售额;运营方面,在 DC(配送中心)完全采用 EPC/RFID 技术;在上货、销售、退货、换货和库存管理等环节采用 EPC/超高频 RFID 技术。通过整合 EPC/超高频 RFID 技术发现:库存由之前的 4 个月减少到 2 个月;店铺内货架库存的人工与系统比对,准确率提高到 99%;获得更多完整的、具体的库存信息;销售额提高了 11 个百分点;改善了消费者的购买体验;缺货减少导致的销售减少降低了40%;通过全自动补货提高了供应链效率;提高了库存工作的准确率;运输成本减少,效率明显提高。

目前,李维斯正着手将 EPC/超高频 RFID 技术运用到其生产线中,如生产厂、DC 和门店,尤其是对每一个产品、商品附上唯一的 EPC/超高频 RFID 标签,从而实现运营高效,以及供应链生产环节到门店销售环节的追溯。

3) 英国服装零售商应用 RFID 系统

位于英国剑桥的时尚商店 Giulio 已经完成了四个月的 RFID 系统测试。该系统特别设计用来跟踪悬挂轨道里每天变换和移动的衣服,并且根据客户的需要显示商品信息。很多服装零售商打算在商店里安装此项技术。

该解决方案被称为电子轨道,其中 RFID 标签被称作 Silent Tags。每个电子轨道检测器两端安装 RFID 识读器,当商品被放置或者从杆上移动时能够被检测到。系统相应软件收集服装在电子轨道上被摆放和移动的数据信息,并加以应用。

Giulio 已经安装了两条电子轨道,每条轨道设有两个 3.5 米高的长杆识读器,两个识读器之间悬挂带有标签的商品。标签被放置在男士夹克和衬衣上,识读器能够随时识读标签信息。一个独立的电子轨道,能够放置多达 100 件服装,数据可靠性接近 100%。下一步,商店计划扩大这项技术的试点范围,从而覆盖更多的门店。

Silent Tag 的价值基本和 EPC RFID 标签的价值相同,但识读器及其应用软件的成本却很低,使零售商能够负担相关成本。

店主介绍说,希望这项技术能够提高服装店的销售量,他相信,在丰富客户购物体验的同时,客户将成为引领潮流的推动者。

4) 迪卡侬超高频 RFID 服装管理应用

迪卡侬,全球最大的体育与休闲用品零售商,在全球部署有 900 多家商店销售网络,单在中国,就遍布全国 25 座城市近 60 家商场。每年有超过 6 个亿的个人体育用品会被销售到欧洲、非洲、美国南部和亚洲地区。在迪卡侬快速扩张和高速发展的背后,让更多人关注的,还有其在物流、零售和全渠道营销中全面采用的超高频 RFID 服装管理应用技术。

今天,在迪卡侬全球超过 400 家门店,85% 的商品上,都能找到一个带有"RFID"标识的吊牌,这是迪卡侬超高频 RFID 服装管理应用中最关键的一个部分。

而迪卡侬超高频 RFID 服装管理系统分布在全球各个供应链中心的,都有这些用于快速收发货物和分拣的"大家伙"。

最后到门店内,将会配备这些用于收银和盘点的超高频 RFID 服装管理智能化设备。

从迪卡侬的超高频 RFID 服装管理的整个过程来看,迪卡侬首先是在生产的过程中,会为每一件商品附加一个带有固定编码的超高频 RFID 服装标签,这个标签将会唯一地代表这个商品,并存在于迪卡侬的后台数据库中。当这些带有 RFID 标签的商品从工厂被运送到各个配送中心的时候,安装有超高频 RFID 读取设备的分拣线和扫描通道,将会高效、准确地帮助系统将它们送到正确的地方。在门店内,RFID 手持设备将可以帮助店员高效可靠地完成货物的盘点,而同样,RFID 也可以帮助收银员进行快速简单的收银。

超高频 RFID 服装管理技术的应用让迪卡侬的物流、零售和营销都变得简单起来,最直观的数据是,库存盘点效率相比以往提升了 5 倍,盘点的频率提升了 2 倍;货物的出入、拣货效率都得到了大幅提升;上游的供货商可以得到可视性的库存信息,与店内货架自动补货系统相连,及时补货,使库存更加优化。同时,RFID 技术带来的,还有整体营运团队效率的提升、运营成本的下降,以及客户体验的提升。迪卡侬公司销售额提升了 11%,新上线的 RFID 系统功不可没。

8.5 基于RFID的水厂智能管理系统

1. 应用背景

传统制造业的生存和发展离不开生产,因此,如何智能化地高效管理生产线,是企业管理者必须考虑的问题。下面这个应用案例是一个基于RFID技术的智慧水厂的管理系统。

2. 系统功能

本系统通过电子地图,即由电子计算机控制所生成的地图,也是基于数字制图技术的屏幕地图,把厂区凡是纳入本系统的监控区域,通过本系统的电子地图进行人员和车辆的可视化实体监视和管理并提供全自动考勤的数据接口,实现无纸化智能考勤。系统的使用与市面上的权威电子地图类似,通过"放大"或"缩小"操作,分层分块显示;通过目的化的操作,输入要找的地点(区域)、人员等数据,可方便地快速搜索并显示所需要的地点和数据。

进入系统,电子地图的首页显示的是登录到系统的整个厂区的鸟瞰图,如图8-11所示。

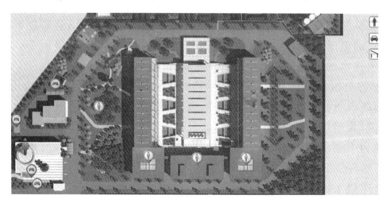

图8-11 工厂的电子地图

1)人员和车辆统计

打开人员车辆统计表,表格会显示人员、车辆的汇总信息,如图8-12所示。

2)选择楼层

在大于一层的建筑物放大至楼层内部结构显示出来后,可通过右键操作进行楼层选择,三层区域,需要查看其他两层,通过右键选择层区域,查看相应的层区域,例如严桥变频室,如图8-13所示。

图8-12 人员、车辆统计信息　　　图8-13 工厂内部选择查看

3）人员区域汇总

在任意汇总区域，点击图标，会显示该区域内的人员汇总信息，例如查看某个厂房人员，如图 8-14 所示。

4）人员列表及轨迹查询

打开人员列表，分为所有人员、员工、访客，可以查看所有人员、厂内员工、来厂访客的人员名称并可查询其实时轨迹和历史记录。

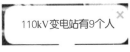

图 8-14　查看人员信息

5）人员轨迹

点击人员名后轨迹，可查询该人员的轨迹列表，实时查询可以点击刷新按钮，需要查看以前的轨迹，可以选择日期查看当天人员具体的轨迹。

6）人员定位

点击人员姓名，可快速定位此人所在区域。

7）车辆定位

车辆定位系统会显示车辆及其轨迹列表，实时查询可以点击刷新按钮，需要查看以前的轨迹，可以选择日期查看当天车辆具体的定位记录。点击车辆图形可以快速定位车辆所停的车位。

8）道闸列表及开关记录

点击图标，打开道闸列表，显示厂内所有的道闸，打开道闸开启列表，可以查看当天某个道闸具体的开关记录，可快速定位道闸所在区域，如图 8-15 所示。

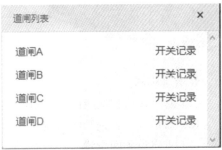

图 8-15　道闸的查看

3. 系统结构和相关硬件组成

系统的结构如图 8-16 所示。

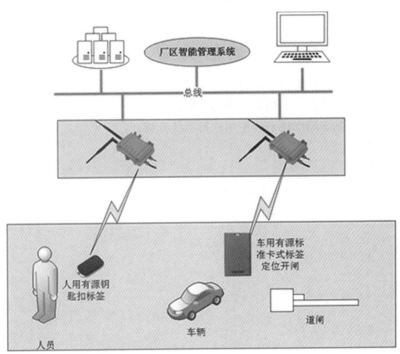

图 8-16　系统的结构

系统的硬件由 2.4 GHz 有源读写器、双频电子标签和低频激活器构成,如图 8-17 所示。

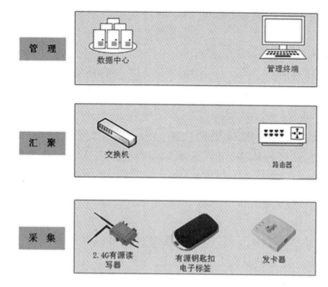

图 8-17 系统硬件组成

4. 系统优点

(1) 对厂区监控区域的人员进行实时监控,可实时获知人员的动态信息。
(2) 对厂区车辆进行实时定位,管控车位,可实时获知车辆停放车位。
(3) 重点设备间设置监控点,实时获知巡检人员何时何地巡检哪些设备。
(4) 智能考勤,自动记录员工的最早到厂时间和最晚离厂时间,免去考勤的时间。
(5) 智能道闸可管控车辆进入厂区的权限,自动记录车辆进出道闸的时间。
(6) 远程控制道闸。

课后习题

1. 简述 RFID 技术在世博会中的应用。
2. 简述 RFID 技术在商品追溯系统中的应用。
3. 对生活中常用的 RFID 技术的使用进行系统分析。

第9章 RFID 基础实验部分

STM8S 单片机开发环境由三大部分组成，包括 PC 机上的开发软件（集成开发软件、驱动程序等）、调试编程器 ST-LINK、目标单片机电路板，如图 9-1 所示。

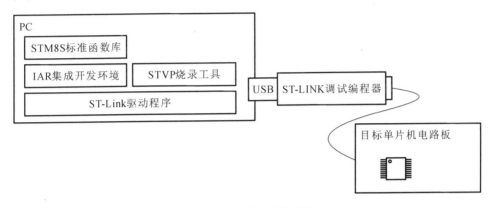

图 9-1 开发调试结构框图

9.1 硬件平台介绍

CBT-IOT-RFID 物联网教学科研平台是一款软硬件功能完善的 RFID 物联网体系教学科研平台。平台配套有低频 125K 模块、高频 13.56 MHz 模块、高频 RFID 原理机模块、超高频 915 MHz 模块和有源微波 2.4 GHz RFID 模块；支持 ISO15693、ISO14443、ISO18000-2、ISO18000-6C 等国际标准协议。

1. 功能特点

（1）低频 125K 读写器模块支持 ISO18000-2 协议，完全支持 EM、TK 卡及其他 125K 兼容 ID 卡片的操作。

（2）高频 13.56MHz 读写器模块支持 ISO 14443A 协议，可以读取 Mifare 1 S50、Mifare 1 S70、Mifare UltraLight、Mifare Pro 等射频卡。

（3）超高频 915MHz 读写器模块，支持 ISO18000-6C 协议，输出功率可以调整，兼容 EPC GLOBAL 第二代（Gen2）标准和兼容 ISO18000-6 标准的各种无源标签。

（4）微波 2.4 GHz 读写器模块，采用全球开放的 ISM 微波频段，支持 ISO18000-4／ZigBee 协议，可连接多种传感器，组建 WSN 传感网，并且基于创新性的接口设计，可配置连接上述低频 125 K、高频 13.56 MHz、超高频 915 MHz RFID 模块和 Cortex-A8 网关构成 RFID 无线应用网络。

2. 硬件原理图

1）电源电路

电源电路图如图 9-2 所示。

2）读卡器模块电路图

STM8S 读卡器电路图如图 9-3 所示。

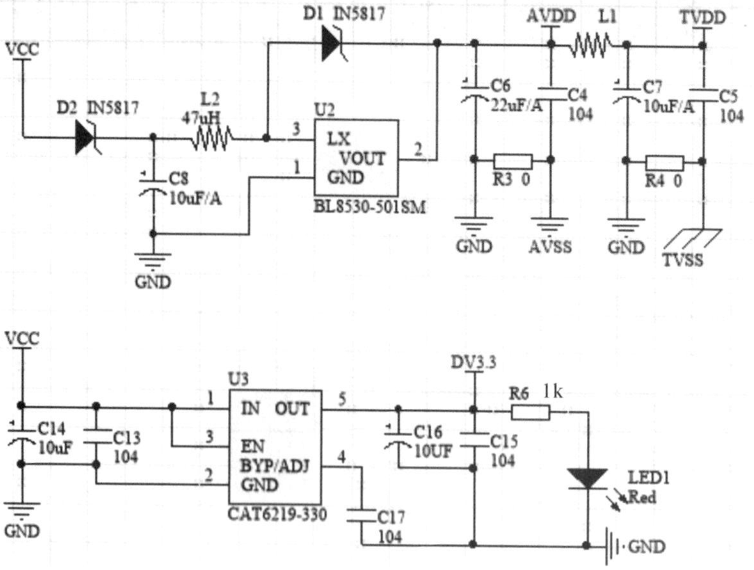

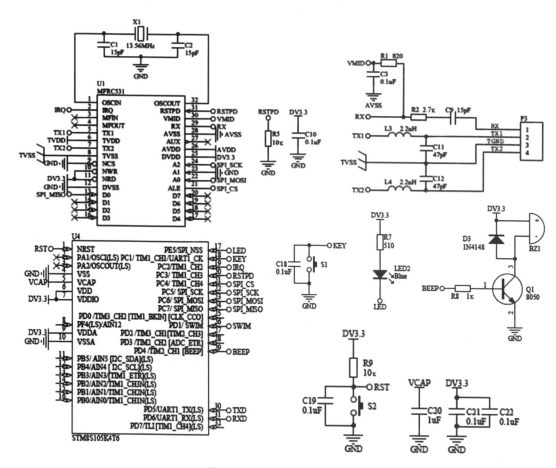

图 9-2　电源电路图

图 9-3　STM8S 读卡器电路图

9.2 开发环境的搭建

在搭建开发环境中首先在 PC 机上安装好 IAR(全称是 IAR for STM8)集成开发环境和 ST-LINK 驱动程序。

IAR 集成开发环境是集程序编辑、编译、程序下载和调试功能为一体的集成开发工具，它可以通过 ST-LINK 调试编程器向目标 STM8S 单片机下载程序，并进行在线调试(包括设置断点、单步执行、查看单片机内存数据等)。在 STM8S 的集成开发工具中，IAR 集成开发工具成熟稳定，简单易用，所以使用者较多。安装好的开发环境 IAR 如图 9-4 所示。

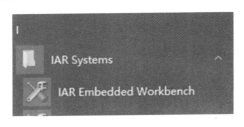

图 9-4　安装好的开发环境 IAR

首先需要准备基于 STM8 固件库 STM8S_StdPeriph_Lib_V2.1.0 文件，文件路径如图 9-5 所示。

图 9-5　STM8 固件库文件

(1) 新建文件夹 Example 用于存储整个应用工程，如图 9-6 所示。

图 9-6　新建文件夹

(2) 将 STM8S_StdPeriph_Lib_V2.1.0 固件库目录下的 Libraries 文件夹复制到 Example 里面，并新建 Project 和 User 文件夹，用于存放工作空间和用户文件，如图 9-7 所示。

(3) 将 STM8S_StdPeriph_Lib_V2.1.0 固件库自带的例程 GPIO 下的文件复制到上述创建的 User 文件夹中，其中 stm8s_conf.h 为工程配置文件，stm8s_it.c 和 stm8s_it.h 为中断子程序和中断向量表。如图 9-8 和图 9-9 所示。

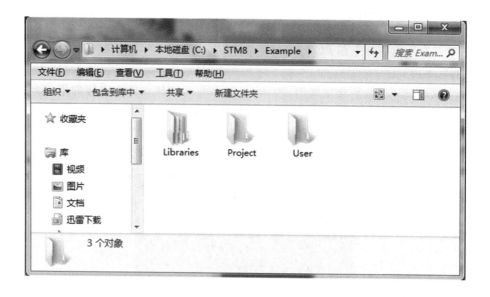

图 9-7　Example 路径下文件

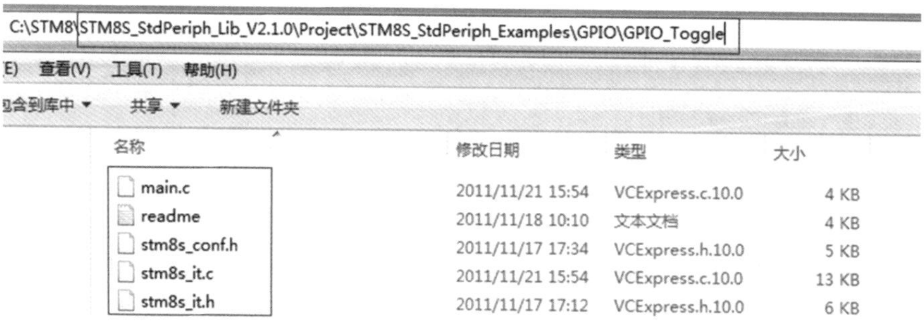

图 9-8　文件来源

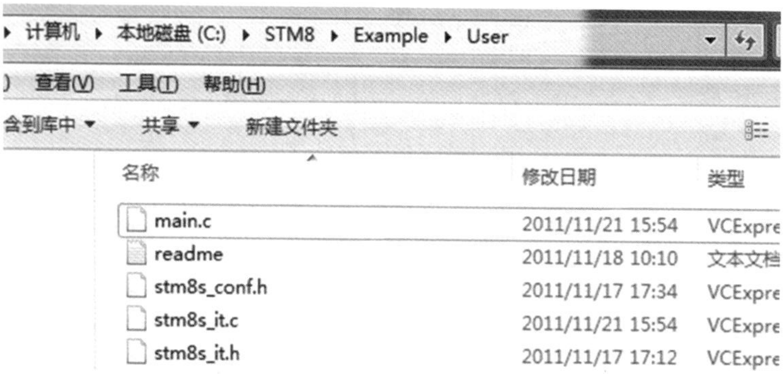

图 9-9　用户文件

（4）在 IAR 里面创建新工程。如图 9-10 所示。

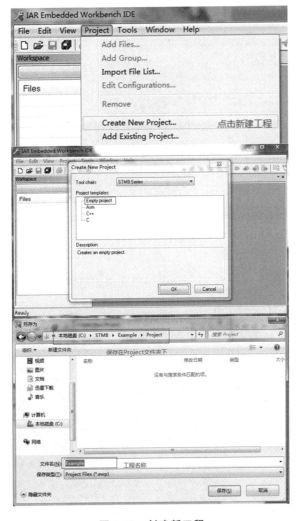

图 9-10　创建新工程

（5）右键单击空间目录，创建分组，便于文件管理。如图 9-11 所示。

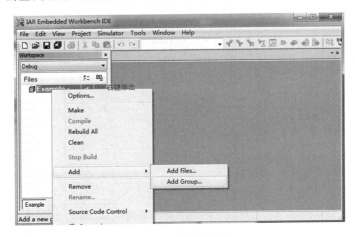

图 9-11　创建源文件

（6）创建 StdPeriph_Drivers 分组用于 STM8 硬件库文件；创建 User 分组用于存放用户文件。如图 9-12 所示。

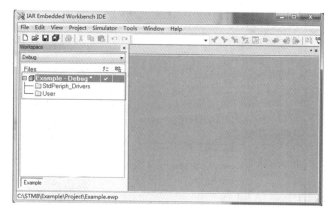

图 9-12　项目分组

（7）右击 StdPeriph_Drivers 分组，往工作分组里面添加相关硬件驱动文件。如图 9-13 所示。

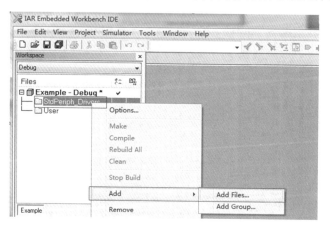

图 9-13　添加硬件驱动文件

添加时钟文件 stm8s_clk.c、flash 文件 stm8s_flash 和相关外设即 stm8s_gpio.c。如图 9-14 所示。

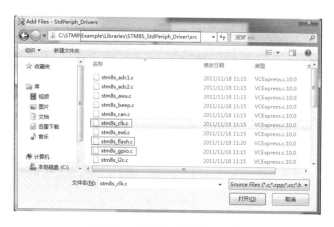

图 9-14　创建成功的驱动文件

（8）同样往 User 工作分组里添加文件，如图 9-15 所示。

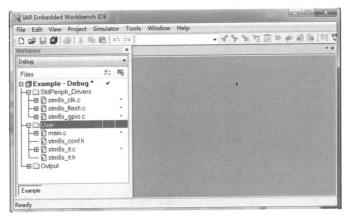

图 9-15　创建 User 文件

（9）点击保存按钮，保存工作空间。如图 9-16 所示。

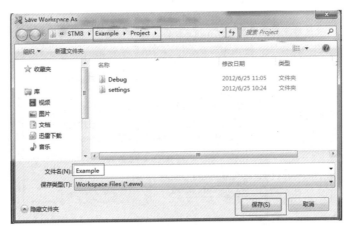

图 9-16　保存

（10）右击工作空间目录，进行 Option 配置。如图 9-17～图 9-20 所示。

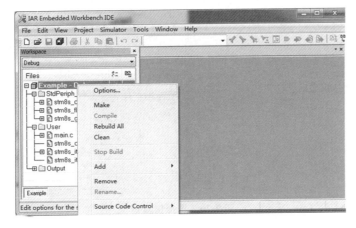

图 9-17　配置操作

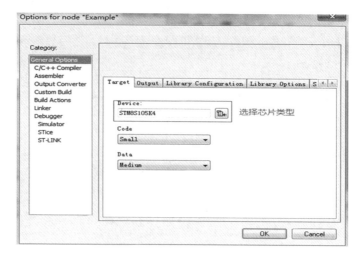

图 9-18　目标芯片选择

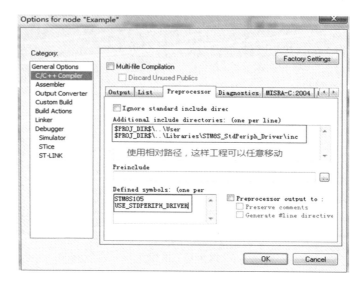

图 9-19　选择固件库

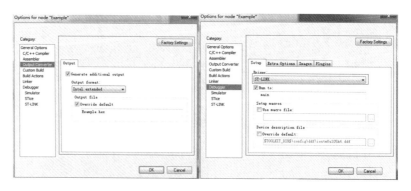

图 9-20　选择仿真器

(11) 根据 RFid 硬件电路图,修改 main.c。如图 9-21 所示。

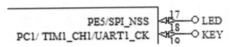

图 9-21 修改 main.c

(12) 右击工程,选择 Rebuild All 全部编译。如图 9-22 所示。

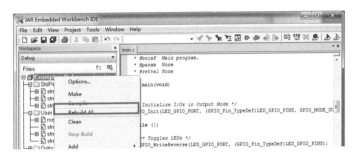

图 9-22 编译

(13) 选择 Download and Debug。如图 9-23 和图 9-24 所示。

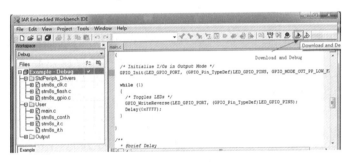

图 9-23 下载和调试

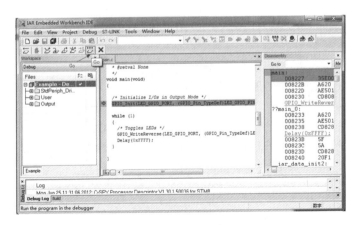

图 9-24 开始执行

可观察到蓝色 LED 实现闪烁亮灭,即完成了 STM8 工程的创建与功能实现。

9.3 STM8 入门实验例程

在本入门实验中完成 LED 灯循环亮灭。LED 发光二极管是一种经常使用的外围器件,用于提示系统的工作状态、报警等。

1. 实验目的

(1) 了解 IAR 开发环境的应用。
(2) 熟悉 STM8 固件库的使用。
(3) 掌握 STM8S105K4 对 LED 的控制。

2. 实验环境

(1) 硬件:RFID 射频模块、USB 仿真器、PC 机。
(2) 软件:IAR Embedded Workbench for STMicroelectronics STM8 1.30 Evaluation。

3. 实验原理

1) 硬件接口原理

如图 9-25 所示,LED 连接在 STM8S105K 的 PE5 管脚,由原理图可知 LED 端输出低电平时 LED2 灯亮,输出高电平 LED2 灯灭,故可以通过程序语言对管脚 PE5 的控制,来使 LED 灯闪烁。

2) 软件接口介绍

STM8 固件库提供了一系列接口函数,可以使开发者更方便地操作芯片内部寄存器,本实验工程中采用的固件库是 STM8 固件库 STM8S_StdPeriph_Lib_V2.1.0。

实验主要用到了 GPIO 的操作,在对 GPIO 操作前需要对其进行初始化。初始化函数如下:

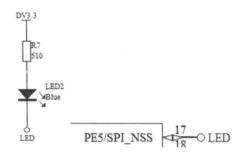

图 9-25　LED 灯与 STM8S105K 接口原理图

```
void GPIO_Init(GPIO_TypeDef * GPIOx, GPIO_Pin_TypeDef GPIO_Pin, GPIO_Mode_TypeDef GPIO_Mode)
```

参数 GPIO_TypeDef 是其对应的 GPIO 结构体,其中包含了 GPIO 的相关寄存器,如下所示:

```
typedef struct GPIO_struct
{
    __IO uint8_t ODR;  /* < Output Data Register,输出寄存器/
    __IO uint8_t IDR;  /* < Input Data Register,输入寄存器* /
    __IO uint8_t DDR;  /* < Data Direction Register,方向寄存器* /
    __IO uint8_t CR1;  /* < Configuration Register 1,配置寄存器* /
    __IO uint8_t CR2;  /* < Configuration Register 2,配置寄存器* /
}GPIO_TypeDef;
```

参数 GPIO_Pin_TypeDef 是管脚 0~7 的选择。

参数 GPIO_Mode_TypeDef 是对该 GPIO 管脚的配置,配置包括:输入/输出方式、频率等,具体如下:

```
typedef enum
{
  GPIO_MODE_IN_FL_NO_IT  =  (uint8_t)0x00,  /* < Input floating, no external interrupt */
  GPIO_MODE_IN_PU_NO_IT =  (uint8_t)0x40,  /* < Input pull-up, no external interrupt */
  GPIO_MODE_IN_FL_IT   =  (uint8_t)0x20,  /* < Input floating, external interrupt */
  GPIO_MODE_IN_PU_IT= (uint8_t)0x60,  /* < Input pull-up, external interrupt */
  GPIO_MODE_OUT_OD_LOW_FAST  =  (uint8_t)0xA0,  /* < Output open-drain, low level, 10MHz */
  GPIO_MODE_OUT_PP_LOW_FAST =  (uint8_t)0xE0,  /* < Output push-pull, low level, 10MHz */
  GPIO_MODE_OUT_OD_LOW_SLOW=  (uint8_t)0x80,  /* < Output open-drain, low level, 2MHz */
  GPIO_MODE_OUT_PP_LOW_SLOW=  (uint8_t)0xC0,  /* < Output push-pull, low level, 2MHz */
  GPIO_MODE_OUT_OD_HIZ_FAST= (uint8_t)0xB0,  /* < Output open-drain, high-impedance level,10MHz */
  GPIO_MODE_OUT_PP_HIGH_FAST =  (uint8_t)0xF0,  /* < Output push-pull, high level, 10MHz */
  GPIO_MODE_OUT_OD_HIZ_SLOW=  (uint8_t)0x90,  /* < Output open-drain, high-impedance level, 2MHz */
  GPIO_MODE_OUT_PP_HIGH_SLOW= (uint8_t)0xD0  /* < Output push-pull, high level, 2MHz */
}GPIO_Mode_TypeDef;
```

4. 源码分析

```
/* main.c* /
# define LED_GPIO_PORT  (GPIOE)
# define LED_GPIO_PINS  GPIO_PIN_5
```

由前面的硬件电路可知,用到的GPIO管脚为PE5,在此定义了GPIO的结构体以及其管脚5(GPIO_PIN_5),后面程序中将会用到这两个宏定义。

```
void main(void)
{
  /*  Initialize I/Os in Output Mode */
  GPIO_Init(LED_GPIO_PORT,(GPIO_Pin_TypeDef)LED_GPIO_PINS,GPIO_MODE_OUT_PP_LOW_FAST);

  while (1)
  {
    /*  Toggles LEDs */
    GPIO_WriteReverse(LED_GPIO_PORT, (GPIO_Pin_TypeDef)LED_GPIO_PINS);
    Delay(0xFFFF);
  }
}
```

根据 GPIO 初始化的参数可以知道,程序中将 GPIO 的 pin5 脚配置成为推挽输出,并且初始输出低电平,频率为 10 MHz。

下面可以看看 while 中的函数 GPIO_WriteReverse 原型:

```
void GPIO_WriteReverse(GPIO_TypeDef* GPIOx, GPIO_Pin_TypeDef PortPins)
{
    GPIOx->ODR ^= (uint8_t)PortPins;
}
```

这个函数的工作就是让传入的 GPIO 引脚输出电平与原来的电平相反。那么传入的参数是 PE5 的话就导致了 PE5 每隔一段时间输出相反的电平使 LED 灯闪烁。

5. 实验步骤

(1) 首先将 RFID 射频模块插到实验箱的主板主节点上,再把 ST-Link 插到 ST-Link 标志的 JTAG 口上,最后把 USB 线插到 PC 机的 USB 端口,通过主板上的"加""减"按键来调节,使 RFID 节点的黄色灯亮,硬件连接完毕。

(2) 用 IAR SWSTM8 1.30 软件打开...\Example\Project \Example.eww。如图 9-26 所示。

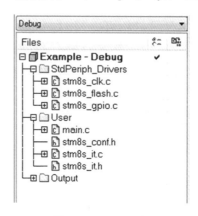

图 9-26　工程组成

(3) 打开后点击 Project->Rebuil All 或选中工程文件右键"Rebuil All"编译工程。如图 9-27 所示。

图 9-27　Rebuil All 编译工程

（4）编译完成后无警告，无错误。如图 9-28 所示。

图 9-28　编译报告

（5）编译完成后，我们把程序烧入模块中，点击 Download and Debug（中间的按钮）进行烧写。如图 9-29 和图 9-30 所示。

图 9-29　下载过程

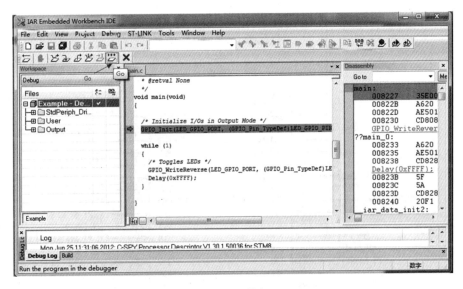

图 9-30　执 行

（6）烧写完成，可观察到 LED2（蓝灯）闪烁。

9.4　读卡号的实验

在本次实验中会用到 IAR 环境，当 RFID 卡片进入 RFID 模块的时候蜂鸣器鸣叫提示读到卡片。

1. 实验目的

（1）了解 IAR 开发环境的应用。
（2）了解 STM8 的 SPI 总线使用。
（3）熟悉 STM8 固件库的使用。
（4）熟悉 MFRC531 的使用。

2. 实验环境

（1）硬件：RFID 射频模块、USB 仿真器、PC 机。

（2）软件：IAR Embedded Workbench for STMicroelectronics STM8 1.30 Evaluation。

3. 实验原理

1）硬件接口原理

本实验所使用的 RFID 模块由 STM8 和 MFRC531 两片芯片搭建而成。硬件连接如图 9-31 所示。MFRC531 外围电路如图 9-32 所示。

图 9-31 硬件连接图

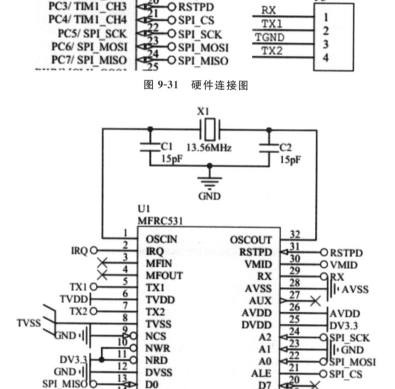

图 9-32 MFRC531 外围电路

STM8 通过 SPI 总线方式与 MFRC531 连接，MFRC531 可以作为一个从设备与 STM8 通信。STM8 可以通过 MOSI 向 MFCR531 发送数据，通过 MISO 接收来自 MFCR531 的数据。

2）软件接口介绍

（1）STM8 SPI 主模式配置步骤如下。

① 通过 SPI_CR1 寄存器的 BR[2:0] 位定义串行时钟波特率。

② 选择 CPOL 和 CPHA 位，定义数据传输和串行时钟间的相位关系。

③ 配置 SPI_CR1 寄存器的 LSBFIRST 位定义帧格式。

在硬件模式下，在数据帧的全部传输过程中应把 NSS 脚连接到高电平；在软件模式下，需设置 SPI_CR2 寄存器的 SSM 和 SSI 位为"1"。

必须设置 MSTR 和 SPE 位(只有当 NSS 脚被连到高电平,这些位才能保持为"1")。在这个配置中,MOSI 脚是数据输出,而 MISO 脚是数据输入。

(2) STM8 硬件库 SPI 相关函数。

```
void SPI_DeInit(void)    初始化 SPI 相关寄存器为默认值
    void SPI_Init(SPI_FirstBit_TypeDef FirstBit, SPI_BaudRatePrescaler_TypeDef
BaudRatePrescaler, SPI_Mode_TypeDef Mode, SPI_ClockPolarity_TypeDef
ClockPolarity, SPI_ClockPhase_TypeDef ClockPhase, SPI_DataDirection_TypeDef Data
_Direction, SPI_NSS_TypeDef Slave_Management, uint8_t CRCPolynomial)
```

根据指定的参数配置 SPI:

```
FirstBit:              选择输出数据位以 MSB 或 LSB 在先
    BaudRatePrescaler: 定义串行时钟波特率
    Mode:              主或从模式
    ClockPolarity:     空闲时的 SCK 时钟极性
    ClockPhase:        定义数据传输和串行时钟间的相位关系
    Data_Direction:    选择数据传输方向
    Slave_Management:  选择软件从设备或者硬件从设备
    CRCPolynomial:     配置 CRC 计算时用到的多项式,复位值为 0x07
void SPI_Cmd(FunctionalState NewState)    使能 SPI
void SPI_ITConfig(SPI_IT_TypeDef SPI_IT, FunctionalState NewState)  使能 SPI 相关中断
void SPI_SendData(uint8_t Data)    SPI 数据发送
uint8_t SPI_ReceiveData(void)      SPI 数据接收
```

(3) MFRC531 的 SPI 数据传输介绍。

在读取和写入 MFRC531 的数据时,需要首先发送一个字节来指定地址和模式,且要遵守以下规则。

读取规则:

① 最高有效位(MSB)为逻辑 1;

② bits[6:1]定义地址;

③ LSB 为逻辑 0。

写入规则:

① 最高有效位(MSB)为逻辑 0;

② bits[6:1]定义地址;

③ LSB 为逻辑 0。

4. 源码分析

```
//////////////////////////////////////////////////////////////
//功    能:寻卡
//参数说明: req_code[IN]:寻卡方式
//              0x52 = 寻感应区内所有符合 14443A 标准的卡
//              0x26 = 寻未进入休眠状态的卡
//          pTagType[OUT]:卡片类型代码
//              0x4400 = Mifare_UltraLight
//              0x0400 = Mifare_One(S50)
//              0x0200 = Mifare_One(S70)
//              0x0800 = Mifare_Pro
```

```c
//                      0x0403 = Mifare_ProX
//                      0x4403 = Mifare_DESFire
//返    回:成功返回 MI_OK
/////////////////////////////////////////////////////////////////////
signed char PcdRequest(unsigned char req_code,unsigned char * pTagType)
{
    signed char status;
    struct TransceiveBuffer MfComData;
    struct TransceiveBuffer * pi;
    pi = &MfComData;

    MFRC531_WriteReg(RegChannelRedundancy,0x03);
    MFRC531_ClearBitMask(RegControl,0x08);
    MFRC531_WriteReg(RegBitFraming,0x07);
    MFRC531_SetBitMask(RegTxControl,0x03);
    MFRC531_SetTimer(4);
    MfComData.MfCommand = PCD_TRANSCEIVE;
    MfComData.MfLength  = 1;
    MfComData.MfData[0] = req_code;

    status = MFRC531_ISO14443_Transceive(pi);

    if (! status)
    {
        if (MfComData.MfLength ! = 0x10)
        {   status = MI_BITCOUNTERR;   }
    }
    * pTagType      = MfComData.MfData[0];
    * (pTagType+ 1) = MfComData.MfData[1];

    return status;
}


/////////////////////////////////////////////////////////////////////
//选定一张卡
//input:g_cSNR= 序列号
/////////////////////////////////////////////////////////////////////
signed char PcdSelect(unsigned char * pSnr,unsigned char * pSize)
{
    unsigned char i;
    signed char status;
    unsigned char snr_check = 0;
    struct TransceiveBuffer MfComData;
    struct TransceiveBuffer * pi;
    pi = &MfComData;
```

```c
    MFRC531_WriteReg(RegChannelRedundancy,0x0F);
    MFRC531_ClearBitMask(RegControl,0x08);
    MFRC531_SetTimer(4);

    MfComData.MfCommand = PCD_TRANSCEIVE;
    MfComData.MfLength  = 7;
    MfComData.MfData[0] = PICC_ANTICOLL1;
    MfComData.MfData[1] = 0x70;
    for (i= 0; i<4; i++)
    {
       snr_check ^= *(pSnr+ i);
       MfComData.MfData[i+ 2] = *(pSnr+ i);
    }
    MfComData.MfData[6] = snr_check;

    status = MFRC531_ISO14443_Transceive(pi);

    if (status == MI_OK)
    {
        if (MfComData.MfLength != 0x8)
        {  status = MI_BITCOUNTERR;  }
        else
        {  *pSize = MfComData.MfData[0];  }
    }

    return status;
}

//////////////////////////////////////////////////////////////////////
//将 Mifare_One 卡密钥转换为 RC531 接收格式
//input: uncoded= 6字节未转换的密钥
//output:coded= 12字节转换后的密钥
//////////////////////////////////////////////////////////////////////
signed char ChangeCodeKey(unsigned char * pUncoded,unsigned char * pCoded)
{
  unsigned char cnt= 0;
  unsigned char ln= 0;
  unsigned char hn= 0;

  for (cnt= 0; cnt<6; cnt++)
  {
     ln = pUncoded[cnt] & 0x0F;
     hn = pUncoded[cnt] >> 4;
     pCoded[cnt* 2+ 1] = (~ln<<4) | ln;
     pCoded[cnt* 2]    = (~hn<<4) | hn;
  }
```

```c
    return MI_OK;
}
////////////////////////////////////////////////////////////////////
//功能:将已转换格式后的密钥送到 RC531 的 FIFO 中
//input:keys= 密钥
////////////////////////////////////////////////////////////////////
signed char PcdAuthKey(unsigned char * pKeys)
{
    signed char status;
    struct TransceiveBuffer MfComData;
    struct TransceiveBuffer * pi;
    pi = &MfComData;

    MFRC531_SetTimer(4);
    MfComData.MfCommand = PCD_LOADKEY;
    MfComData.MfLength  = 12;
    memcpy(&MfComData.MfData[0], pKeys, 12);

    status = MFRC531_ISO14443_Transceive(pi);

    return status;
}
////////////////////////////////////////////////////////////////////
//功能:用存放在 RC531 的 FIFO 中的密钥和卡上的密钥进行验证
//input:auth_mode= 验证方式,0x60:验证 A 密钥,0x61:验证 B 密钥
//      block= 要验证的绝对块号
//      g_cSNR= 序列号首地址
////////////////////////////////////////////////////////////////////
signed char PcdAuthState (unsigned char auth_mode, unsigned char block, unsigned char * pSnr)
{
    signed char status;
    struct TransceiveBuffer MfComData;
    struct TransceiveBuffer * pi;
    pi = &MfComData;

    MFRC531_WriteReg(RegChannelRedundancy,0x0F);
    MFRC531_SetTimer(4);
    MfComData.MfCommand = PCD_AUTHENT1;
    MfComData.MfLength  = 6;
    MfComData.MfData[0] = auth_mode;
    MfComData.MfData[1] = block;
    memcpy(&MfComData.MfData[2], pSnr, 4);

    status = MFRC531_ISO14443_Transceive(pi);
    if (status == MI_OK)
```

```
            {
                if (MFRC531_ReadReg(RegSecondaryStatus) & 0x07)
                {   status = MI_BITCOUNTERR;    }
                else
                {
                    MfComData.MfCommand = PCD_AUTHENT2;
                    MfComData.MfLength  = 0;
                    status = MFRC531_ISO14443_Transceive(pi);
                    if (status == MI_OK)
                    {
                        if (MFRC531_ReadReg(RegControl) & 0x08)
                        {   status = MI_OK;    }
                        else
                        {   status = MI_AUTHERR;    }
                    }
                }
            }
            return status;
}
```

STM8 通过 SPI 写数据到 MFRC531 寄存器中,对其进行配置等操作,获取卡片的信息,当标签卡进入感应区,STM8 调用 BEEP_On()使蜂鸣器鸣叫。

5. 实验步骤

(1) 首先将 RFID 射频模块插到实验箱的主板主节点上,再把 ST-Link 插到 ST-Link 标志的 JTAG 口上,最后把 USB 线插到 PC 机的 USB 端口,通过主板上的"加""减"按键来调节,使 RFID 节点的黄色灯亮,硬件连接完毕。

(2) 我们用 IAR SWSTM8 1.30 软件打开...\Project\MFRC531_STM8.eww。如图 9-33 所示。

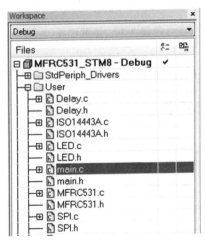

图 9-33 工程文件

(3) 打开后点击 Project->Rebuil All 或选中工程文件右键"Rebuil All"编译工程。如图 9-34 所示。

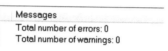

图 9-34 编译工程

(4) 编译完成后无警告,无错误。如图 9-35 所示。

图 9-35 编译报告

(5) 编译完成后,我们把程序烧入模块中,点击 Download and Debug(中间的按钮)进行烧写。如图 9-36 所示。

图 9-36 下载过程

(6) 程序烧写完成,将电子标签卡接触 RFID 模块即可听到蜂鸣器鸣叫。

9.5 电子钱包的实验

1. 实验目的

(1) 了解 IAR 开发环境的应用。

(2) 了解 STM8 的 SPI 总线使用。

(3) 熟悉 STM8 固件库的使用。

(4) 熟悉 MFRC531 的使用。

2. 实验环境

(1) 硬件:RFID 射频模块、USB 仿真器、PC 机。

(2) 软件:IAR Embedded Workbench for STMicroelectronics STM8 1.30 Evaluation。

3. 实验内容

使用 IAR 环境,在电子标签卡片接触 RFID 模块时,按 KEY 按键,电子标签中的数据加 1,可通过 PC 机串口软件观测。

4. 实验原理

1) 硬件接口原理

本实验所使用的 RFID 模块由 STM8 和 MFRC531 两片芯片搭建而成。

2) 软件接口介绍

STM8 SPI 主模式配置步骤如下。

(1) 通过 SPI_CR1 寄存器的 BR[2:0] 位定义串行时钟波特率。

(2) 选择 CPOL 和 CPHA 位,定义数据传输和串行时钟间的相位关系。

(3) 配置 SPI_CR1 寄存器的 LSBFIRST 位定义帧格式。

在硬件模式下,在数据帧的全部传输过程中应把 NSS 脚连接到高电平;在软件模式下,需设置 SPI_CR2 寄存器的 SSM 和 SSI 位为"1"。

必须设置 MSTR 和 SPE 位(只有当 NSS 脚被连到高电平,这些位才能保持为"1")。在这个配置中,MOSI 脚是数据输出,而 MISO 脚是数据输入。

STM8 硬件库 SPI 相关函数:

```
void SPI_DeInit(void)  初始化 SPI 相关寄存器为默认值。
void SPI_Init (SPI_FirstBit_TypeDef FirstBit, SPI_BaudRatePrescaler_TypeDef
BaudRatePrescaler, SPI_Mode_TypeDef Mode, SPI_ClockPolarity_TypeDef
ClockPolarity, SPI_ClockPhase_TypeDef ClockPhase, SPI_DataDirection_TypeDef Data
_Direction, SPI_NSS_TypeDef Slave_Management, uint8_t CRCPolynomial)
```

根据指定的参数配置 SPI:

```
FirstBit:               选择输出数据位以 MSB 或 LSB 在先
BaudRatePrescaler:      定义串行时钟波特率
Mode:                   主或从模式
ClockPolarity:          空闲时的 SCK 时钟极性
ClockPhase:             定义数据传输和串行时钟间的相位关系
Data_Direction:         选择数据传输方向
Slave_Management:       选择软件从设备或者硬件从设备
CRCPolynomial:          配置 CRC 计算时用到的多项式,复位值为 0x07。
void SPI_Cmd(FunctionalState NewState)   使能 SPI
void SPI_ITConfig(SPI_IT_TypeDef SPI_IT, FunctionalState NewState)   使能 SPI 相关
中断
void SPI_SendData(uint8_t Data):SPI 数据发送
uint8_t SPI_ReceiveData(void):SPI 数据接收
```

在读取和写入 MFRC531 的数据时,需要首先发送一个字节来指定地址和模式,且要遵守以下规则。

读取规则:

(1) 最高有效位(MSB)为逻辑 1;

(2) bits [6:1] 定义地址;

(3) LSB 为逻辑 0。

写入规则:

(1) 最高有效位(MSB)为逻辑 0;
(2) bits[6:1]定义地址;
(3) LSB 为逻辑 0。

5. 源码分析

读取卡片存储区的数据,将数据复制入传出参数 pReaddata 中,代码如下:

```
//////////////////////////////////////////////////////////////
//读 mifare_one 卡上一块(block)数据(16 字节)
//input: addr =  要读的绝对块号
//output:readdata =  读出的数据
//////////////////////////////////////////////////////////////
signed char PcdRead(unsigned char addr,unsigned char * pReaddata)
{
    signed char status;
    struct TransceiveBuffer MfComData;
    struct TransceiveBuffer * pi;
    pi = &MfComData;

    MFRC531_SetTimer(4);
    MFRC531_WriteReg(RegChannelRedundancy,0x0F);
    MfComData.MfCommand = PCD_TRANSCEIVE;
    MfComData.MfLength  = 2;
    MfComData.MfData[0] = PICC_READ;
    MfComData.MfData[1] = addr;

    status = MFRC531_ISO14443_Transceive(pi);
    if (status == MI_OK)
    {
        if (MfComData.MfLength != 0x80)
        {   status = MI_BITCOUNTERR;  }
        else
        {   memcpy(pReaddata, &MfComData.MfData[0], 16);  }
    }
    return status;
}
```

下面函数功能是增加和减少标签卡中的数据,dd_mode=0xC0 数据减少,0xC1 数据增加 value。value=4 字节增(减)值首地址,16 进制数,低位在前,代码如下:

```
signed char PcdValue(unsigned char dd_mode,unsigned char addr,unsigned char *
pValue)
{
    signed char status;
    struct TransceiveBuffer MfComData;
    struct TransceiveBuffer * pi;
    pi = &MfComData;

    MFRC531_SetTimer(5);
```

```c
MFRC531_WriteReg(RegChannelRedundancy,0x0F);
MfComData.MfCommand = PCD_TRANSCEIVE;
MfComData.MfLength  = 2;
MfComData.MfData[0] = dd_mode;
MfComData.MfData[1] = addr;

status = MFRC531_ISO14443_Transceive(pi);
if (status ! = MI_NOTAGERR)
{
    if (MfComData.MfLength ! = 4)
    {   status = MI_BITCOUNTERR;   }
    else
    {
       MfComData.MfData[0] &=  0x0F;
       switch (MfComData.MfData[0])
       {
          case 0x00:
             status = MI_NOTAUTHERR;
             break;
          case 0x0A:
             status = MI_OK;
             break;
          case 0x01:
             status = MI_VALERR;
             break;
          default:
             status = MI_CODEERR;
             break;
       }
    }
}
if (status = = MI_OK)
{
   MFRC531_SetTimer(5);
   MfComData.MfCommand = PCD_TRANSCEIVE;
   MfComData.MfLength  = 4;
   pi = &MfComData;
   memcpy(&MfComData.MfData[0], pValue, 4);

   status = MFRC531_ISO14443_Transceive(pi);
   if (status= = MI_OK)
   {
      if (MfComData.MfLength ! = 4)
      {  status = MI_BITCOUNTERR;  }
      else
      {  status = MI_OK;           }
   }
```

```c
        else if(status = = MI_NOTAGERR)
        {    status = MI_OK;      }
        else
        {    status= MI_COM_ERR;       }
    }

    if (status = = MI_OK)
    {
        MfComData.MfCommand = PCD_TRANSCEIVE;
        MfComData.MfLength  = 2;
        MfComData.MfData[0] = PICC_TRANSFER;
        MfComData.MfData[1] = addr;

        status = MFRC531_ISO14443_Transceive(pi);
        if (status ! = MI_NOTAGERR)
        {
            if (MfComData.MfLength ! =  4)
            {   status = MI_BITCOUNTERR;       }
            else
            {
                MfComData.MfData[0] &=  0x0F;
                switch(MfComData.MfData[0])
                {
                    case 0x00:
                        status = MI_NOTAUTHERR;
                        break;
                    case 0x0a:
                        status = MI_OK;
                        break;
                    case 0x01:
                        status = MI_VALERR;
                        break;
                    default:
                        status = MI_CODEERR;
                        break;
                }
            }
        }
    }
    return status;
}
INTERRUPT_HANDLER(EXTI_PORTC_IRQHandler, 5)
{
    /* In order to detect unexpected events during development,
       it is recommended to set a breakpoint on the following instruction.
    */
```

```
        //printf("Key is pressed! \r\n");
        if ((GPIO_ReadInputData(GPIOC) & GPIO_PIN_1) = =  0x00)//判断 PC1 引脚是否触发
        {
            disableInterrupts();
            rx_buf[0]= 0xee;
            rx_buf[1]= 0xcc;
            rx_buf[2]= 0xfe;
            rx_buf[4]= 0x01;
            rx_buf[5]= 0;
            rx_buf[6]= 0;
            rx_buf[7]= 0;
            rx_buf[8]= 0x01;
            rx_buf[9]= 0xff;
            Uart_RecvFlag= 1;
            enableInterrupts();
        }
    }
```

上面的代码是按键中断服务子函数,rx_buf[5::8]为将要写入卡片的数据,可以看出每次向卡片中写入了数据 1,数组中的其他数据是 RFID 传输协议的部分,这些数据通讨串口输出做扩展用。

6. 实验步骤

(1) 首先将 RFID 射频模块插到实验箱的主板主节点上,再把 ST-Link 插到 ST-Link 标志的 JTAG 口上,最后把 USB 线插到 PC 机的 USB 端口,通过主板上的"加""减"按键来调节使 RFID 节点的黄色灯亮,硬件连接完毕。

(2) 用 IAR SWSTM8 1.30 软件打开...\电子钱包\Project \MFRC531_STM8.eww。如图 9-37 所示。

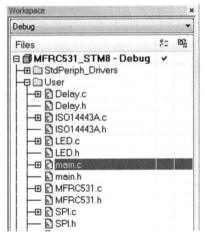

图 9-37 工程文件

(3) 打开后点击 Project->Rebuil All 或选中工程文件右键"Rebuil All"编译工程。如图 9-38 所示。

图 9-38 工程编译

（4）编译完成后无警告，无错误。如图 9-39 所示。

（5）编译完成后，我们把程序烧入模块中，点击 Download and Debug（中间的按钮）进行烧写。如图 9-40 所示。

图 9-39 编译报告　　图 9-40 下载过程

（6）程序烧写完成，将电子标签放在 RFID 模块上，按 KEY 键，可观测方框中的数据递增。如图 9-41 所示。

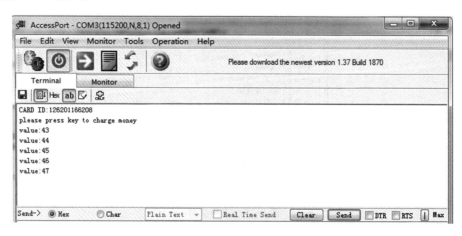

图 9-41 串口显示结果

附　录

标准中使用的缩略词

PICC：proximity card　邻近卡
PCD：proximity coupling Device　邻近耦合设备，可以理解为读卡器
f_c：carrier frequency　载波频率,13.56MHz
f_s：subcarrier frequency　副载波频率
ASK：amplitude shift keying　幅频键控
NRZ：none-return to zero　不归零
REQA：request command, type A　A 型请求命令
REQB：request command, type B　B 型请求命令
WUPA：wake-UP command, type A　A 型唤醒命令
WUPB：wake-UP command, type B　B 型唤醒命令
ATQA：answer to request, type A　A 型请求回应命令
ATQB：answer to request, type B　B 型请求回应命令
NVB：number of valid bits, type A　A 型有效位地址
SAK：select ac knowledge, type A　A 型选择应答命令

ISO 相关标准

1. 接触式 IC 卡国际标准

（1）ISO/IEC7816-1:接触式 IC 卡的物理特性；
（2）ISO/IEC7816-2:接触式 IC 卡的触点尺寸和位置；
（3）ISO/IEC7816-3:接触式 IC 卡（异步卡）的电信号和传输协议（T＝0/T＝1),适用于 CPU 卡；
（4）ISO/IEC7816-10:接触式 IC 卡（同步卡）的电信号和复位应答,适用于存储卡和加密卡。

2. 非接触式 IC 卡标准

（1）ISO/IEC14443-1:非接触式 IC 卡的物理特性；
（2）ISO/IEC14443-2:非接触式 IC 卡的射频能量和信号接口；
（3）ISO/IEC14443-3:非接触式 IC 卡的初始化和防冲突（Type A/Type B）；
（4）ISO/IEC14443-4:非接触式 IC 卡的选择应答和传送协议（T＝CL)。

3. 传输层及应用层标准

（1）ISO/IEC7816-4:行业间交换用命令；
（2）ISO/IEC7816-5:应用标识符的编号系统和注册过程；
（3）ISO/IEC7816-6:行业间数据元；
（4）ISO/IEC7816-7:结构化卡查询语言的行业间命令；
（5）ISO/IEC7816-8:安全有关行业间命令。

参考文献

[1] 单承赣,单玉峰.射频识别(RFID)原理与应用[M].北京:电子工业出版社,2008.
[2] 许毅,陈建军.RFID原理与应用[M].北京:清华大学出版社,2013.
[3] 唐志凌.射频识别(RFID)应用技术[M].北京:机械工业出版社,2014.
[4] 谢磊,陆桑璐.射频识别技术——原理、协议及系统设计[M].北京:科学出版社,2016.
[5] 彭力.无线射频识别(RFID)技术基础[M].北京:北京航空航天大学出版社,2012.
[6] 王佳斌,张维纬,黄诚惕.物联网RFID原理与技术[M].北京:清华大学出版社,2016.
[7] 黄玉兰.物联网射频识别RFID核心技术详解[M].北京:人民邮电出版社,2016.
[8] 黄玉兰.射频电路理论与设计[M].北京:人民邮电出版社,2014.
[9] 黄玉兰.射频电路理论与设计[M].北京:人民邮电出版社,2014.
[10] 黄玉兰.物联网概论[M].北京:人民邮电出版社,2011.
[11] 王佳斌,张伟纬.RFID技术及应用[M].北京:清华大学出版社,2016.
[12] 徐雪慧.物联网射频识别技术与应用[M].北京:电子工业出版社,2015.
[13] 青岛东合信息技术有限公司.RFID开发技术及实践[M].西安:西安电子科技大学出版社,2014.
[14] 李缉熙.射频电路与芯片设计要点(中文版).北京:高等教育出版社,2007.
[15] International Standar dization Organization. International standard ISO/IEC 14443,2003.
[16] NXP. MFRC531 datasheet[EB/OL]. http://www.nxp.com/documents/datasheet MFRC531.pdf.
[17] RFID中国论坛:www.rfidchina.org.
[18] RFID信息网:www.iRFID.cn.
[19] 北京赛佰特科技有限公司:http://www.cyb-bot.com/